서승연 수필집

바람이 머문 자리

바람이 머문 자리

서승연 수필집

1판 1쇄 인쇄/ 2011년 12월 25일
1판 1쇄 발행/ 2011년 12월 30일

지은이 / 서 승 연
펴낸이 / 우 희 정
펴낸곳 / 도서출판 소소리

등록 / 제300-2007-21호
주소 110-521 서울 종로구 명륜동 1가 33-90
경주이씨 중앙회빌딩 302-1호
전화 / 765-5663, 766-5663(Fax)
e-mail: sosori39@hanmail.net
www.sosori.net
값 10,000 원

*잘못된 책은 바꿔드립니다.

ISBN 978-89-97294-07-7 03810

바람이 머문 자리

서승연 수필집

책을 내면서

어느 날 아파트 쓰레기장에서 수없이 버려져있는 책들을 보았습니다. 그중에 수필집이 많았습니다. 버려진 책 속에서 무언가를 찾으며 마치 자신이 버려진 듯 가슴이 쓰렸습니다. 누군가의 서재에서 정리대상이 되는 글을 보며 다시는 쓰지 않으리라 다짐했습니다.

쏟아져 나오는 책들이 의미 없어 보였지요. 그래서 오랫동안 쓰지 않고 돌아보지 않았습니다. 하지만 어느 순간 또 쓰고 있는 나를 발견합니다. 내가 쓴 글이 누구에게 위로가 되었을까 싶지만 이제 하나는 확연히 알 것 같습니다. 나 자신을 위로하기 위해서 쓴다는 것을. 비록 넋두리라 해도 몰입하다 보면 잔잔한 기쁨을 느낄 수 있습니다.

옛사람의 고전을 읽다가 감동 받아 잠을 설칠 때가 많습니다. 평소 느끼고 생각했던 것을 어떤 글 속에서 발견했을 때 그 여운은 오래갑니다. 언제쯤 그런 좋은 글 한 편을 쓸 수 있을까

싶어 아직도 문단주변을 서성입니다. 하지만 살리에르가 결코 모차르트의 천재성을 극복하지 못했듯이 나 또한 타고난 결핍을 순하게 받아들입니다. 경이로운 이 지구의 작은 생명으로 와서 느낀 감정을 글로 표현할 수 있다는 것, 그것에 만족합니다.

요즘은 모든 것이 그립고 가슴 저립니다. 남은 시간 무엇을 하며 살아야 하는지도 알 것 같습니다. 주어진 하루 속의 진실을 깨닫고 감사하며 사랑하는 것, 그것이 실천해야 할 숙제입니다. 세월은 멈추지 않고 흘러갑니다. 그 속에서 사랑하고 미워하며 웃고 울지만 끝자락에서 뒤돌아보면 그저 한때의 풍경입니다.

이제 오랜 망설임을 뒤로하고 용기를 냅니다. 못나고 부족한 글이지만 넉넉하게 품어줄 것을 믿습니다. 평생을 함께한 가족들에게 고마움을 전하며 책을 묶어주신 소소리에 감사드립니다.

2011년 겨울

저자 서승연

▷ 차 례

▷ 책을 내면서

1. 그대 있음에

13 ◂ — 봄날은 간다
19 ◂ — 트라이앵글
24 ◂ — 짜릿함을 누린 대가
29 ◂ — 가마우지의 한(恨)
33 ◂ — 그대 있음에
37 ◂ — 절하는 남자
42 ◂ — 건천궁의 가을
47 ◂ — 광릉에 놀러간 날
51 ◂ — 참 바보다
56 ◂ — 그 산의 생명들
62 ◂ — 벗에게
67 ◂ — 길 위에서

2. 봄날에 생긴 일

까치둥지 —‣ 73

두 여자 —‣ 76

내 눈 속의 용 —‣ 82

눈물 세 방울 —‣ 87

돈 벌기 쉽다 —‣ 92

우리 역시 그와 같기에 —‣ 97

마음의 여행 —‣ 101

금붕어 두 마리 —‣ 106

미 소 —‣ 112

바람이 머문 자리 —‣ 117

굽은 못 하나 —‣ 122

봄날에 생긴 일 —‣ 126

3. 가을 그리고 오늘

133 ◂ — 전철 풍경
138 ◂ — 빌려 쓴 값
142 ◂ — 사랑이 그립다
146 ◂ — 변 명
151 ◂ — 수다 한판
156 ◂ — 아버지의 잔영
162 ◂ — 생가 터
167 ◂ — 아홉 개의 나사못
171 ◂ — 가을 그리고 오늘
174 ◂ — 아직도 꿈꾼다
179 ◂ — 그들이 살아갈 세상
183 ◂ — 짝사랑

4. 우연 또는 필연

어떤 만남 — 189

창밖의 세상 — 193

연 따라 오고 가네 — 198

웃고 싶다 — 202

이리 행복해도 되는 걸까 — 208

자 유 — 212

우연 또는 필연 — 218

지켜준다는 것 — 224

한 편의 노래 시 — 228

하 루 — 233

한마디의 말 — 238

건 배 — 244

미안하다 — 248

1.

그대 있음에

봄날은 간다

텔레비전에서 「봄날은 간다」라는 노래가 흘러나온다. 너무 유명해서 그 노래를 모르는 사람은 아마 없을 줄 안다. 그 흐느적거리는 멜로디 속에 무어라 딱 표현하기 힘든 아련한 향수가 있다. 노래라는 것은 참 이상하다. 사람의 정서에 깊이 관여해서 지나간 어느 때 풍경이 영상처럼 떠오르고 어느새 그 속에 잠겨 있다. 특히 그 노래의 2절을 들으면 화창한 봄날 아래 서 있던 젊고 예쁜 엄마의 모습이 눈앞에 보이듯 어른거린다.

'새파란 꽃잎이 물에 떠서 흘러가더라. 오늘도 꽃편지 내던지고 청노새 짤랑대는 역마차 길을…' 그리고 마지막 부분 '실없는 그 기약에 봄날은 간다.'라는 구절만 들으면, 백양나무 잎은 햇빛에 반사되어 반짝거리고 실바람이 살결을 스치던 그날. 쪽진 머리에 자잘한 무늬의 얇은 포플린 한복을 입고 서서 저 너머

먼 산을 바라보고 있던 모습이 떠오른다. 신작로 길에는 가끔씩 트럭이 지나가고 흙먼지가 날리는 차 위에는 미군들이 앉아있다. 그러면 우리는 먼지를 둘러쓰며 뛰어가 단 하나 알고 있는 짧은 영어로 '헬로 추잉껌'을 외치며 차 뒤를 바짝 따른다. 코 큰 그들은 무언가 알아들을 수 없는 말을 왁자하게 떠들며 초콜릿이나 사탕, 껌을 던져주었다.

엄마는 동네에서 상당한 미인으로 평가되었다. 흰 피부에 숱이 많은 검은 머리는 윤기가 흘렀고 비록 가난했지만 외모는 어느 부잣집 안방마님 못지않았다. 우리 여형제 모두를 합쳐도 엄마의 외모에 못 미친다는 소리를 수없이 들으며 자랐다. 엄마는 그때 유행하던 두 곡의 노래를 아주 좋아했는데 백설희의 「봄날은 간다」와 권혜경의 「산장의 여인」이라는 노래다. 그때 우리 집에는 라디오도 없었다. 어쩌다 동네 전봇대 기둥에 매달린 진공관뿐인 라디오에서 노래가 흘러나오면 하던 일을 멈추고 귀를 바짝 들이대고 들었다. 그러고 꼭 '실없는 그 기약'이라는 소절이 나오면 소리를 내어 따라 불렀다.

나는 언제나 엄마에게 갈증 비슷한 무엇이 있었다. 그것이 무엇인지는 자세히 몰랐지만 엄마의 눈이 나를 향해 있지 않다는 것은 느낌으로 알았다. 가난했기에 오로지 희망은 아들들이 잘 자라 출세하는 그날이었다. 조금이라도 나은 음식은 아들을 먹였고 귀한 영양제를 챙기는 것도 아들뿐이었다.

나는 언제나 엄마에게 강
증 비슷한 무엇이 있었다.
그것이 무엇인지는 자세히
몰랐지만 엄마의 눈이 나를
향해 있지 않다는 것은 느
낌으로 알았다.
ㅡ봄날은 간다
그래도 자존심만은 하늘을
찔러 아무에게도 도움을 요청
하지 않았고 시간만 나면
책상을 펴고 옛날책을 읽었
다. 그 시절 여자는 지의 글
을 읽을줄 몰랐는데 엄마는
한글과 일본글과 말을 잘했다.

동네 어귀에서 모처럼 나들이 복장의 엄마를 만나니 내심 무척 좋았다. 하지만 엄마의 표정은 그저 덤덤했다. 그 순간 엄마 저고리 앞섶에 매달린 하트모양의 작은 단추를 바라보며 나를 한 번만 꼭 안아준다면 얼마나 좋을까를 생각했다. 하지만 엄마는 언제나처럼 집에 가서 물을 길어놓으라 말하며 언니 학교에 다녀온다고 한다. 따라가고 싶다고 했더니 손을 저으며 집에가 있으라 한다. 두 번 세 번 돌아가라 경고 했지만 나는 멀찍이 걸으며 뒤를 따라갔다. 다리를 지나 온갖 푸성귀들이 자라는 밭을 지나고 복잡한 시장통을 지날 때도 간간이 돌아보며 돌아가라며 손을 내젓는다. 그래도 끝내 엄마의 뒤를 따라갔다. 어린아이 마음에 그 끝에는 무언가 즐거운 일이 기다리고 있을 것 같은 기대가 있었다.

그날은 언니 학교에 행사가 있었다. 학생들이 까만색의 짧은 반바지와 하얀 블라우스를 입고 발에는 광목으로 만든 슈즈를 신고 마당에 나와 마스게임을 하고 있었다. 이미 점심때도 지나고 행사는 거의 끝났다. 엄마는 그제야 싸온 밥을 열어 언니를 먹였는데 한 톨의 쌀도 섞이지 않은 까만 보리밥에 콩자반과 약간의 깍두기 몇 개가 전부였다. 그런데 언니는 밥을 입에 퍼 넣으며 연신 훌쩍거리며 울고 있었다. 도시락이 너무 초라해서인지 아니면 늦게 왔다고 화가 났는지 모르지만 아무튼 분위기는 영 아니었다. 무언가 즐거운 상상을 하며 애써 따라온 아이는 여간 실망스러웠다. 아이도 배가 고팠지만 엄마는 밥을 나누어 먹으라는 말도 하지 않았다. 우는 언니를 달래려고 그랬는지 엄마는 언니를 가볍게 한 번 안아주며 어깨를 두드려준다. 순간 배고픔보다 더한 서러움이 차올라왔다. 어쩌다 새옷을 사와도 언니 것만 사고 나에게는 언니가 입던 헌옷을 던져준다. 혹시 나를 주워온 것이 아닐까 생각했다. 엄마도 이웃사람들에게 나를 다리 밑에서 주워 왔다고 놀리며 저 애의 엄마는 다리 밑에서 똥으로 떡을 굽는 사람이라는 말을 자주했다. 아닐 거라고 믿었지만 그날은 주워온 것이 틀림없다고 생각했다. 돌아올 때는 어떻게 왔는지 아무리 생각해도 그 부분의 기억은 지워지고 없다. 눈물을 훔치며 왜 다른 집 엄마처럼 다정하게 내 손을 잡고 걷지 않는지 한 번 안아주지도 않는지 그것을 원망했다.

어린 날 우리 집은 걱정이 많았다. 아버지께서 열심히 일했지만 항상 빚에 시달렸다. 부잣집 막내딸로 곱게만 자란 엄마가 견디기에는 여러 아이들과 가난은 견디기 힘들었을 것이다. 그래도 자존심만은 하늘을 찔러 아무에게도 도움을 요청하지 않았고 시간만 나면 쪽상을 펴고 옛날 책을 읽었다. 그 시절 여자는 거의 글을 읽을 줄 몰랐는데 엄마는 한글과 일본글과 말을 잘했다. 이제 생각해보면 글 속에 묻혀 일상을 괴로움을 잠시라도 잊으려 했나 싶다.

요즈음은 인구가 줄어 자식을 많이 낳는 것을 권장하지만 나는 그것을 반대한다. 아이들이 많다보면 부모도 힘들고 공평한 사랑이 어려워 상처받는 아이가 생기게 마련이다. 엄마도 아들을 선택해서 올인했지만 자식들 그 누구도 기대한 만큼의 기쁨을 안겨주지 못했다. 전쟁 후의 힘든 한때를 살아내며 노래 한 두 곡으로 위로를 삼다가 시간의 저 편으로 사라져간, 그러기에 '봄날은 간다'라는 노래는 가슴을 먹먹하게 하는 무엇이 있다. 살아보니 인생은 봄날처럼 짧았다. 노래가사를 쓴 사람도 삶이 실없는 것을 기다리는 시간이었음을 알았던 것 같다. 그것에 매여 울고 웃고 누군가를 탓하고 원망하다가 시간의 저편으로 사라진다.

지인들을 만나면 가끔은 노래방에 따라간다. 물론 분위기 다 운되는 줄도 알지만 흘러간 옛 노래, '봄날은 간다'를 불러본다. 그러면 그 옛날 한곳으로 돌아가 먼지가 날리던 신작로 길이며 하늘높이 솟아있던 백양나무, 그 아래 단아한 모습으로 서 있던 엄마의 모습이 그림처럼 떠오른다. 이 세상 어느 한 가지도 머물러 있는 것은 없다. 봄이 왔나 싶으면 속절없이 그렇게 빨리 간다. 마지막 구절 '실없는 그 기약'은 우리 삶 전체를 한마디로 표현해 놓은 것 같아 더 애절하다.

트라이앵글

한 달에 한 번씩 모이는 친구들 모임이 있다. 만나서 밥을 먹고 수다를 떨지만 돌아올 때면 늘 무언가 빠진 듯 허전하다. 이심전심으로 모두들 같은 생각을 했는지 한 친구가 우리의 만남을 좀 우아하게 써보자는 새로운 제안을 한다. 나이 들어가며 나태하고 흐려진 정신에 영양을 보충하자는 말에 이구동성 환호하며 동의하였다.

차가운 바람이 가슴을 파고드는 늦겨울 어느 날, 예술의 전당으로 오라는 K의 전화를 받았다. 그곳에 도착할 때까지 관람할 내용이 무엇인지 정확히 몰랐지만 야무진 친구이니 분명 잘 선택 했을 거라는 믿음은 있었다. 나는 국악을 유독 좋아하는데 창극이나 아니면 연극이면 좋겠다 싶었다. 하지만 기대와는 달리 공연은 가장 취약한 부분인 오케스트라 연주다.

고백하자면 나는 클래식 음악을 잘 모른다. 세계인이 거의 다 알고 있는 몇몇의 유명 곡을 제외하고는 아는 것이 없다. 그러기에 잘 알려지지 않은 생소한 음악을 접할 때는 솔직히 말해 지루함마저 느낀다. 가난한 어린 시절을 보낸 탓이라는 구차한 변명을 대보지만 노력이 부족한 천성 탓이란 것을 잘 안다.

공연이 시작된 무대 위는 감미로운 음악으로 가득하다. 하지만 내 몸은 그 사이를 못 참고 몸부림이 나며 여기저기 쑤시기 시작한다. 친구들은 어떤가 싶어 슬쩍 둘러보니 모두들 연주에 몰입하고 있는 것 같다. 나는 몸이 더워지는 것을 애써 참으며 눈을 감았다 뜨기를 반복한다. 먼젓번 공연은 슈베르트와 리스트의 곡이라 그래도 음률은 귀에 익었는데 이번에는 곡도 이름도 생소하다. 물론 친절한 설명이 있어 이해가 안 되는 것은 아니지만 비슷한 템포에 반복적인 리듬이 자장가인 듯 졸음마저 밀려온다.

그렇게 눈을 뜨고 감기를 반복하다 우연히 맨 뒤쪽 구석지에 앉아 트라이앵글을 치고 있는 한 남자단원을 보았다. 큰 덩치에 어울리지 않게 작은 트라이앵글을 들고 있는 것도 어색하거니와 가끔씩 댕댕댕 치는 소리도 왠지 이 웅장한 극장의 품위에 못 미치는 것 같다. 언제나 그렇듯 내 호기심은 유치한 것에서부터 시작한다. 저 덩치 큰 남자는 허다한 악기 중에 왜 하필 트라이앵글을 선택하게 되었을까부터 시작해서 그것을 배우고 익히는 데 후회는 없었을까, 또 그 가족들은 그의 트라이앵글을 부끄러워하지는 않았을까 등등, 세속에 찌든 내 마음의 잣대는 멈출 줄을 모른다.

오케스트라 공연이 언제나 그렇듯 제일 앞에는 지휘자가 있고 거대한 그랜드 피아노를 치는 피아니스트가 있다. 그 뒤로 바이올린과 첼로, 콘트라베이스, 큰북과 작은북, 하프와 심벌즈 등. 연주는 지휘자의 손놀림에 따라 때로는 웅장하게 때로는 잔잔하게 흐른다. 어느 순간 봄날인가 싶으면 광풍이 불고 달콤한 사랑이 흐르나 싶으면 이별의 아픔이 선율에 묻어난다. 극장안의 빈 천장에는 인간이 만든 온갖 소리들로 가득하다. 나는 어느새 그 남자의 손과 트라이앵글을 주시하느라 졸음을 잊었다.

그는 자신이 쳐야할 순간을 놓치지 않으려고 온몸으로 연주를 따라가고 있다. 댕댕댕 가끔씩 쇠젓가락으로 삼각대를 치지만 심벌즈와 큰북에 가려져 작정하고 듣지 않으면 잘 들리지도 않는다. 없어도 될 것 같은 작은 악기 트라이앵글, 작곡가는 왜 굳이 악보에 그것을 그려 넣었을까. 대개의 사람들은 주인공의 노래나 연기에 심취한다. 아니면 현란한 손놀림의 피아노연주에 몰두하거나 춤을 춘다면 아름다운 몸의 선을 감상한다. 나도 예외는 아니라서 영화와 연극을 보아도 핵심인물인 주인공만 주시할 뿐 그 뒤에 있는 조연에게는 그다지 관심을 주지 않았다.

트라이앵글을 보고 있자니 어린 시절 한 토막의 추억이 삽화처럼 떠오른다. 초등학교 시절 나도 연주에 참가한 적이 있다.

연주라고 하니 대단한 것인 줄 알겠지만 반별 대항으로 한반 학생 삼분의 일쯤이 참가하는 행사였다. 담임선생님은 무슨 마음에선지 몇 년 치 월사금도 내지 못한 문제아인 나를 뽑아주셨는데 각자 다룰 수 있는 악기는 집에서 가져오라 하였다. 그 시절에 피아노는 구경하기도 힘들고 그나마 오르간을 칠 줄 아는 아이가 대표고 주인공이다. 그 외 피리나 실로폰, 캐스터네츠(일명 짝짝이), 트라이앵글 정도다. 모두들 자신이 가지고 있고 다룰 수 있는 악기를 가져왔는데 나는 물론 악기도 없고 연주는 더구나 할 줄 몰랐다. 그래서 준비한 것이 트라이앵글이다. 문방구에 가면 싸게 구입할 수 있고 연주할 부분에 친절히 그림까지 그려 있어서 특별한 기술은 필요 없었다.

지금의 저 남자처럼 맨 뒤 구석에 서서 삼각대와 쇠젓가락을 양손에 들고 내가 쳐야할 순서를 놓치지 않으려 애쓰던 순간이 어제 일처럼 선명하다. '파란 마음 하얀 마음'과 '눈이 내리네' 두 곡을 연습만 열심히 했을 뿐 정작 대회에는 참가하지 못했다. 하얀 블라우스와 검은 주름치마를 입어야 했는데 끝내 그 옷을 구하지 못했기 때문이다. 강당 밖에서 친구들이 합주를 하고 있는 소리를 들으며 서러움에 겨워 울던 기억이 마치 어제일인 듯하다. 반세기가 흐른 지금도 그 노래를 들으면 아련한 그리움과 함께 코끝이 아리다. 지금은 흔해빠진 생활용품이며 옷들이 그 때는 왜 그리 귀했는지 누구에게 원망의 말을 해야할지 아직도 모른다. 이제 생각하면 별 특징 없이 세상의 한 귀퉁이에서 살게 될 내 운명을 작은 악기 트라이앵글이 예시해주었나 싶다.

모든 배우와 연주가가 주인공이길 원한다면 어떻게 될까. 아마 아름다운 하모니는 기대하기 어려울 것이다. 주연과 조연의 조화, 또 나같이 평생 관객일 수밖에 없는 사람도 필요하기에 세상은 돌아간다. 한 소절의 음악 속에도 흐르는 세월과 변하는 계절, 태어나 마침내 죽어가는 생명들의 한계가 작가의 마음으로 표현된다. 그래서 위대한 음악을 유산으로 남긴 사람들은 시대를 초월하여 늘 우리와 함께한다.

공연이 끝나고 지휘자와 피아노연주자가 손을 잡고 관객에게 인사를 한다. 들어갔나 싶으면 또 나오고 들어갔나 싶으면 또 나와서 우레와 같은 박수를 계속 받는다. 그러다 정 못이기는 척 또 한 번의 연주로 관객에게 감동을 선물한다. 같은 시간에 똑같은 무대에서 연주를 했지만 결코 박수의 주인공이 될 수 없는 트라이앵글, 덩치 큰 그 남자에게 동병상련의 마음을 담아 힘찬 박수를 보낸다.

극장 문을 나서는데 친구가 이렇게 말한다.

"연주를 그렇게 좋아하는 줄 몰랐어. 몸 한 번 뒤척이지 않고 열심히 보데. 다음 달에 또 올까."

나는 더워진 얼굴을 찬바람에 식히며 손을 휘휘 내젓는다.

겨울 하늘에는 제법 푸짐한 눈발이 꽃잎처럼 날리고 있다.

짜릿함을 누린 대가

극도의 피로와 어지럼증이 생겨 길에서 몇 번인가 넘어졌다. 짬을 내어 병원에 갔더니 의사의 진단은 의외로 간단하다. 몸에 지방이 많아 무릎관절이 나쁘고 고지혈증도 심하다고 한다. 음식량을 줄이고 운동을 많이 하라고 권하지만 내 천성이 게으르고 먹는 것을 좋아해 그것이 쉽지 않다. 기껏 한다는 운동이 동네를 어슬렁거리며 돌아다니는 것이 고작이다. 그러니 오래된 내 살들은 전연 물러날 기미를 보이지 않고 오늘도 굳세게 함께 한다.

바람도 숨죽인 한여름의 오후, 오존주의보도 발생해있고 일사병에 걸릴 확률이 높으니 가급적 외출을 삼가라는 방송을 듣고도 때늦은 오기를 부리며 집을 나선다. 땡볕에 지쳐 늘어진 거리의 나무에는 매미들만 매달려 그악스럽게 울 뿐 길은 한산하다. 경제도 어렵고 사람들의 삶이 각박해서일까. 매미들의 소리도 예전 같은 운치와 여유가 느껴지지 않는다.

땀도 흐르고 다리도 아파 평소 안면이 있는 과일가게 의자에 앉는다. 주인아주머니가 때 묻은 앞치마에 쓱쓱 닦아준 자두 하나를 받아들고 태양열에 끓고 있는 여름의 하루를 바라본다.

발아래 지저분한 상자들 옆에는 개 한 마리가 긴 혀를 빼물고 누워있다. 산책하다 가끔씩 만나는 작은 개인데 왜인지 그 사이 몸이 통통 불었다.

"저 개 어디 아파요." 하고 물어보니 "아프기는 어디가 아파요. 짜릿한 한순간을 못 참아서 저 고생을 사서 하네요." 한다.

'짜릿한 한순간'이라고? 둔한 머리를 이리저리 굴리다가 그제야 말뜻을 알아듣고 피식 웃는다. 흔해빠진 잡종견이라 새끼를 낳아봐야 누가 가지고 가는 사람도 없어 묶어 놓았는데 언제 그랬는지 또 새끼가 뱃속에 들었다며 푸념 아닌 푸념을 한다. 작은 몸에 부듯한 배를 안고 먼지에 절어 있는 것이 마치 헝클어진 털실뭉치 같다.

우리집 아래층에는 백설 같은 흰털을 가진 개 두 마리가 살고 있다. 내가 보기로는 털이 하얗다는 것 말고는 주둥이가 쭈뼛한 것이 별론 것 같은데 그 개의 주인은 그들을 왕자, 공주님 모시듯 한다. 혈통과 족보가 대단하다는 자랑을 듣긴 하였지만 엘리베이터에서 가끔 만나면 작은 앙만한 것들을 한 마리는 업고 하나는 담요에 싸서 안고 있다.

"애기야 불편하지. 미안하다 조금만 참아라."

그녀는 이런 말을 자연스럽게 한다. 모 드라마에서 사랑하는 여자를 "애기야"라고 불러 큰 히트를 쳤다는 말은 들었지만 그 말이 개에게까지 적용되는지는 몰랐다. 인사 삼아 어디를 가느냐고 물어보니 순종혈통과 교배를 하러 가는 중이라 한다. 곧 냉방이 잘된 편안한 차 속에 태워져서 짝을 만나 사랑의 즐거움에 빠질 그들인데 무엇이 그리 안쓰러운지 연신 좀 참아라, 미안하다는 말을 주문처럼 반복한다. 개들은 나를 향해 이빨을 드러내며 어르렁거린다. 싫은 내색도 못하고 한쪽 귀퉁이에 붙어서 있다 보면 내가 세상 돌아가는 것을 모르는 것인지 아니면 그들이 이상한지 도무지 헷갈린다.

과일집의 작은 개는 자신의 동족에게도 그런 귀족적인 별천지의 세상이 있다는 것을 아는지 모르는지 눈을 지그시 감고 오수(午睡)에 빠져있다. 태어나서 평생 목욕 한 번 하는 호사를 누린 적도 없고 비싼 사료 한 바가지 얻어먹지 못했다. 그래도 짜릿한 사랑의 순간은 어떻게 알아서 배가 빌 사이가 없이 새끼가 들어앉는다.

아주머니의 표현이 좀 거칠다 싶어도 생각하면 한순간의 즐거움을 얻은 대가로 긴 시간 고생하는 것이 어디 그 개뿐이랴. 생명을 부여받은 모든 종은 잘났건 못났건 어떤 모양을 했건 짝을 만나 사랑을 하고 새끼를 낳고 키우며 그에 따른 책임과 의무를 져야한다.

옛날, 한 선비의 부인이 남편이 살짝 다녀가기만 해도 아이가 생겼다. 그것을 낳고 키워 내느라 너무 힘이 들어 아예 남편을 안채에 오지 못하게 했다. 하지만 어느 가을밤 달은 밝고 귀뚜라미는 울고, 나뭇잎 떨어지는 소리에 참다못해 그만 남편에게로 달려가고 만다. 그래서 또 아이가 생기고 손끝에 물 마를 날이 없지만 그것을 행복이라 여기며 한세상을 살게 된다. 생각하면 모든 종에게 준 짧은 그 순간은 생명을 이어가기 위한 신의 미끼가 아닐까 싶다.

누구는 이 세상을 고해라 한다. 한세상 살아내기가 힘들기 때문이다. 나 역시 생은 어둠에서 나와 알 수 없는 길을 방황하다 다시 어둠으로 되돌아가는 고독의 길이라 여겼다. 그러나 요즘은 생각이 바뀌었다. 어떤 인연으로 왔건 신비로운 지구의 일원으로 와서 그것을 보고 누릴 수 있게 된 것은 큰 행운이다. 삶의 길에는 기쁨과 슬픔이 항상 공존하지만 사랑을 주고받으며 생명을 잉태하는 일은 삶의 여정에 주어지는 보너스다. 그것에 무슨 귀함과 천함의 차이가 있으랴만 세상은 그것을 엄격하게 구분지어 놓았다. 아니 그것을 갈라놓은 것 역시 사람이다. 인간만이 피부색이 다르다고 차별하고, 종교가 다르고 고향이 다르다고 싸우며 학연과 지연을 따지며 헤쳐 모인다.

동물 다큐멘터리를 보고 있으면 우리가 왔다가는 소임이 어디에 있는지 확연히 알 수 있다. 서로 먹고 먹히는 숨막히는 순간에도 사랑은 있고 새생명은 태어난다. 그들은 먹이사슬의 법칙에 따라 살고 죽을 뿐 누가 더 잘나고 못나고 생김새와 혈통에 대해서 따지지 않는다. 모두는 지구라는 별에 온 소중한 생명체일 뿐인데 무엇으로 귀함과 천함을 구분지어 놓았는지 안타까울 뿐이다.

인간의 여러 가지 욕망 중에서 마지막까지 남는 것이 식욕이라고 한다. 나도 언제부터인가 모든 것이 시들해져서 남편과는 친구사이로 변했고 옷을 사고 싶은 생각도 패물을 장만하고 싶은 마음도 없어졌다. 하지만 아직도 버리지 못한 것이 식욕이다. 맛있는 음식을 먹는 순간의 짧은 즐거움은 절제가 되지 않는다. 병이 생긴 원인이 과도하게 쌓인 지방 때문이라는 것을 잘 알지만 음식 앞에서는 그만 모든 것을 잊고 만다. 그러니 내 살들은 열심히 그 세를 확장해나갈 뿐이다.

과일가게 개는 곧 예쁜 새끼들을 몇 마리 낳을 것이고 그것들을 키워 내느라 지치고 늙어갈 것이다. 어쩌면 또 몇 번인가 더 짜릿함을 누린 값을 힘겹게 치르다 시간의 저편으로 사라질 것이다.

오뉴월 염천에 땀을 흘리며 걷다 생각하니 아주머니가 한말 '짜릿함'이란 아무래도 의지가 약한 내게 던지는 한마디의 강력한 화두 같다.

가마우지의 한(恨)

계림(桂林)공항에는 어둠이 내리고 있다. 12월이지만 아열대의 기후이기에 날씨는 봄날 같이 포근하다. 낯선 여행지에 내려 처음 땅을 밟을 때는 언제나 잔잔한 충격과 함께 가슴이 설렌다. 신비한 자연과 새로운 풍물, 그리고 사람 사는 모습을 접할 수 있기 때문이다. 중국 55개 소수민족 중 장족의 자치구인 계림은 몇 년 사이 빠르게 변하고 있다. 시내에 들어가니 정육점 불빛 같은 네온이 화려하다. 관광객을 부르기 위한 방법인데 마치 촌색시가 짙은 화장을 하고 밤길을 나선 모습과 비슷하다 할까.

여행의 시작은 이강의 뱃놀이부터였다. 불빛 때문인지 강물은 속이 훤히 들여다보일 정도로 맑다. 일행은 배 위에서 사진을 찍으며 즐거운 한때를 보내고 나는 뱃전에 턱을 괴고 천년 아니 수만 년 이어져 흘렀을 강물을 내려다본다. 늘 느끼는 것이지만 자연과 사람 사는 모습은 어디나 비슷하다. 산과 들과 물이 있고 그 속에는 어떤 모습이든 생명들이 존재하고.

우리가 탄 배를 따라 늙은 어부 한 사람이 긴 대나무를 이어 만든 좁은 배(봉미죽)를 타고 노를 젓고 있다. 배 위에는 가마우지 다섯 마리가 오종종하게 앉았다. 일렁이는 불빛 속에 언뜻 보니 노인의 얼굴과 옷자락은 맑은 물이 미안할 정도로 때에 절었다. 그는 관광객의 배를 따라다니며 가마우지가 고기를 잡는 묘기를 보여주는 일을 한다.

가마우지의 목에는 줄이 매여 있다. 양 날개를 펼치고 번갈아 물에 들어갔다 나올 때마다 팔뚝만한 고기를 입에 물었다. 어부는 왜인지 기분이 썩 좋지 않은 눈치다. 열심히 일하는 가마우지를 향해 무어라 욕을 하며 발길질을 한다. 가마우지는 고기를 힘겹게 물고 긴 목을 뒤로 젖힌 채 빨리 빼내줄 것을 원하지만 주인은 못 본 척 딴전을 피운다. 아마 관광객이 그것을 좀 더 오래 즐기라는 뜻인 듯한데 목은 조여 있고 숨구멍은 막혀있으니 그 모습이 안쓰러워 차마 바라보기 어렵다.

계림의 산세는 우리의 마이산 같은 산봉우리들이 끝없이 이어져 신비함을 자아낸다. 맑은 물 사이로 산이 굽이 돌아 그곳 어딘가에 무릉도원이 있어 신선이 살 것 같은 풍광이다. 하지만 슬픔 없는 세상은 어디에도 없나 싶다. 심술을 부리며 노를 젓는 어부의 표정에도 즐거움이 없고 목이 매인 채 노예로 살아가는 가마우지도 슬퍼 보인다.

가마우지를 보면 제일 먼저 생각나는 것이 걸프전이다. 걸프전 때 쿠웨이트를 점령한 후세인은 다국적군의 침공을 막기 위해 홍해로 기름을 유출시켰다. 그 때문에 수십만 마리의 가마우지가 영문도 모른 채 기름에 절여져 떼죽음을 당했다. 새까만 원유를 뒤집어쓴 가마우지의 사진이 보도되자 세계는 환경오염을 걱정하는 한 목소리를 냈다. 하지만 나는 그 사진을 보며 강자에 의해 저질러져 영문도 모른 채 죽어가야 하는 약자의 한과 슬픔을 보았다.

역사 속의 힘없는 백성들 역시 강자에 의해 억울한 일을 헤아릴 수도 없이 당해왔다. 영화 「뿌리」의 주인공 쿤타킨테는 단지 흑인이라는 이유로 팔려가 온갖 고생을 했나하면, 노동자의 비참한 현실을 온몸으로 항거했던 전태일도 결국 자신의 몸을 태워 산화하고 말았다. 영문도 모른 채 끌려가 일본군인의 성노리개가 되었던 정신대 여성들 역시 목이 매여 살아야 하는 저 가마우지의 삶과 무엇이 달랐을까.

몇몇 지도자의 욕심으로 일어난 전쟁도 결국 힘없는 민초들만 피해를 입어 한줌 흙이 되어 역사의 뒤안길로 사라졌다. 위정자들은 걸핏하면 국민을 위해서라는 명분을 내세우지만 결과는 자신들 일가의 부와 영광을 위해서였다는 것을 우리는 알고 있다.

자세히 보니 가마우지는 용감함과 선함을 함께 지녔다. 씩씩하게 고기를 잡아 주인에게 바치고도 뱃전에 앉아 고개를 뒤로 꼬고 있는 암컷에게 관심과 사랑을 표현한다. 잠깐의 휴식 그 짧은 순간에도 서로의 털을 입으로 골라주고 주둥이를 맞댄다. 만약 그들이 생각할 수 있다면 목매인 채 살아가야 하는 처지가 짝에게 얼마나 부끄럽고 자존심 상할까.

내가 가장 즐겨보는 텔레비전 프로가 동물 다큐멘터리다. 그것을 가만히 보고 있으면 자연은 먹고 먹히는 구도로 움직이지만 그 속에 질서가 있고 사랑이 있다. 자신의 새끼를 위해 다른 종을 노릴 때의 눈빛은 날카롭다. 하지만 그것은 자연 순환의 원칙에 충실할 뿐, 사람의 손길만 없다면 그들의 평화는 오래 계속될 것이다. 가만히 내버려두면 고기 잡고 사랑하며 새끼치고 행복하게 살 수 있을 것들이 그 가진 재주를 사람에게 들켜 버렸기에 그만 노예로 전락하고 말았다.

우리도 그와 크게 다를 것이 없다. 모두는 알 수 없는 사슬에 묶여 산다. 자연은 엄격하기에 삶의 끝에서 바라보면 승자도 패자도 없다. 힘을 휘두른 자나 휘둘림을 당한 모두는 시간의 저편으로 사라진다. 생명은 어떤 모습을 했건 귀하다. 존중하는 마음으로 바라볼 수 있다면 얼마나 좋을까. 계림의 자연은 아름다웠지만 그곳의 가난한 사람들과 가마우지의 슬픈 눈빛이 오래도록 마음에 남는다.

(2006)

그대 있음에

8월의 끝자락 벌써부터 그를 기다립니다. 몸과 마음은 땀에 젖어 힘겨운 하루를 보내면서도 머지않아 찾아올 그대 있기에 누기찬 하루를 참습니다. 그의 넓은 이마와 선한 눈매는 메마른 내 가슴을 설레게 합니다. 그리고 함께 오는 바람에는 그리움 한 자락이 묻어있습니다.

무엇이 그리 바빴을까요. 그동안 그가 어디쯤 와서 나를 바라보고 있는지 몰랐습니다. 아는 만큼 느끼고 보인다는 말이 있듯이 마음은 다른 무엇을 향해 있었기에 그가 내 곁에 가까이 왔다는 것을 인식하지 못했습니다. 수많은 사람들이 찬사의 시를 쓰고 사랑을 노래해도 하루 살아내기 버거운 가슴에는 받아 안을 수 있는 공간이 좁습니다. 비록 늦었지만 이제야 그를 향한 내 사랑이 풀물 배어들듯 깊어집니다.

그는 귀뚜라미를 전령사로 보내어 자신이 곧 올 거라는 소식을 전합니다. 나는 그제야 그를 맞이할 준비를 하며 여름내 시달려 볼품없이 초라해진 얼굴을 거울에 비추어 봅니다. 조용할 날 없는 세상이지만 그가 머무를 때만은 풍요롭습니다. 높은 하늘과 색색의 단풍, 풍성한 먹을거리는 그가 우리에게 주는 사랑의 선물입니다. 각박한 세상살이에 모처럼 편히 쉴 수 있는 것도 그가 머물 때입니다.

그가 안고 오는 선물 중에 특히 바람 냄새를 좋아합니다. 그 서늘하면서도 달콤한 냄새에는 내 스무 살의 시월이 묻어있습니다.

이제는 기억조차 희미한 그 옛날, 한 남자를 만났습니다. 그는 갓 제대를 하고 세상을 향한 첫발을 디딘, 가진 것이라고는 건강한 몸 하나뿐인 사람입니다. 주경야독으로 힘들게 생활하면서도 밤이면 그림자처럼 우리 집 대문 앞에 서 있곤 했습니다. 그때는 가로등도 초인종도 없었지만 나는 용케도 그가 왔다는 것을 알아챘습니다. 행여 누가 알세라 살며시 문을 열면 그는 하얀 치아를 보이며 쑥스러운 듯 웃고 있습니다. 먼 길을 달려온 그에게는 언제나 싸한 시월의 바람 냄새가 났습니다.

그때는 왜 그리 어리석었을까요. 주변의 눈길이 두려울 뿐 누군가의 관심이 고맙게 느껴지지 않았습니다. 이웃과 가족에게 부끄러워 젊은이로서 느껴야하는 감정을 감추기에 바빴습니다. 그 역시 마찬가지였습니다. 기껏 힘들여 와서는 발로 땅바닥만

긁다 돌아갔습니다. 그렇게 왔다 갈 걸 무엇 때문에 오는지 투덜거리면서도 그에게 묻어있는 늦가을 바람 냄새가 싫지만은 않았습니다. 많은 시간이 흐른 지금에야 왜 다정히 손잡고 논둑길 한 번 걷지 못했는지 때늦은 후회를 합니다.

내 젊은 날의 추억은 그것이 전부입니다. 누군가에게 이야기 했더니 바보 같다며 어이없어 합니다. 덧붙여 생을 주신 신에게 죄를 짓는 일이라는 핀잔까지 들었습니다. 무엇인가에 가위눌려 표현도 주장도 펴보지 못하고 보내버린 세월입니다. 만약 다시 산다면 그 하루가 마지막 날인 듯 아끼며 모든 것을 사랑으로 보듬어 안겠습니다. 갈대숲에 누워 10월의 하늘을 눈이 아프도록 바라보겠습니다. 소곤거리며 내려앉는 단풍잎 소리를 듣겠습니다. 산촌에 불어오는 바람소리를 밤새 듣고 싶습니다. 밤하늘에 주먹 같은 별들이 매달려 있는 광경을 보는 소원은 아직도 이루지 못했습니다.

요즘 젊은이들은 행복한 세상을 만났습니다. 사는 것이 힘들다 해도 먹을 것과 입을 것이 넘쳐납니다. 사랑도 마음껏 표현하고 머리회전도 빨라서 무엇이 행복인지 잘 알고 실천합니다. 세계가 한 지붕이라 원하기만 하면 모든 문은 열려있습니다. 하지만 백지장 같이 하얗던 그때가 나는 더 그리워집니다.

40여 년을 함께한 남편의 모습에는 이제 형형한 눈빛도 싸한 시월의 바람 냄새도 없습니다. 단지 살아오며 쌓였던 갖가지의 고생만 마음에 남아 더러는 다투고 원망하면서 오늘까지 왔습니다. 서로 이곳저곳이 아프다고 호소할 때는 벌레 먹어 숭숭한 낙엽의 모습을 닮아간다는 것을 느낍니다. 세월이 앗아가버린 청춘의 날들을 떠나는 가을 속에서 찾아봅니다. 살아간다는 것은 무엇일까요. 끝도 없이 이어지는 걱정거리와 내일은 좀 나아지겠지 하는 기대입니다. 하지만 남은 시간도 이러다 말 것이라는 생각이 들면 쓸쓸해집니다. 죽자 살자 뛰어도 제자리라는 선인들의 말씀이 고개 끄덕임으로 다가옵니다.

뒤늦게 만나고 깨달은 시월사랑, 그와의 만남은 영양제요 보약입니다. 꽃과 나무들도 색색의 옷으로 갈아입고 신이 생명에게 준 은혜의 약속을 즐깁니다. 사람들은 곱게 물든 산하의 품속에서 모처럼 고단함을 잊고 행복합니다. 나도 가을 색으로 옷을 갈아입고 일없이 거리를 서성이지만 정인과의 만남은 짧고 이별은 빨리 찾아옵니다. 그 가슴에 기대어 실컷 한 번 울지도 못했는데 10월의 마지막 노래가 거리에 흐릅니다. 그제야 꿈에서 깨어난 듯 조금만 더 있다 떠나라고 옷자락을 붙잡지만 결국 오고 마는 이별이요 소멸입니다.

한 점 바람이 불어옵니다. 하얀 구절초 잎도 시들어갑니다. 그대와 함께 있어도 그대가 그립다는 어느 시인의 말처럼 나는 벌써 멀어져가는 그대를 그리워합니다. 때늦은 내 시월사랑이 종종걸음으로 스쳐 지나고 있습니다.

절하는 남자

겨울답지 않게 포근하다. 공원을 열심히 걷다가 의자에 앉아 오고가는 사람들을 바라본다. 남자, 여자, 노인과, 어린이 그 모습들은 입은 옷 모양만큼이나 다양하게 모두 다르다. 늘 주어진 하루가 모자란 듯 바삐 살았는데 어느새 내 하루 일과도 많이 단순해졌다. 책을 읽거나 산책을 하거나 아니면 우두커니 지나다니는 사람을 바라볼 때가 많다. 무심히 오고가는 사람들을 보노라면 모두는 어디서 와서 무엇을 향해 가다 종내는 어디로 사라지는 것일까 궁금하다.

옆 의자에 남자노인 한 사람이 앉는다. 담배 한 개비를 입에 물고 깊게 빨아들인다. 연기가 얼굴 주변을 감돌다가 허공으로 사라진다. 얼굴빛이 치자물을 들인 듯 노란데 담배를 필터 끝까지 거의 태운다. 그리고 심하게 기침을 하다 가래를 뱉고 꽁초를 내 옆에 던진다.

나란히 있는 옆 의자에 중년부부가 있다. 무슨 일인지 남자의 목소리가 높다. 가만히 들어보니 비둘기를 보고 서로 의견이 엇갈린 모양이다. 남자는 공원의 비둘기는 세균덩어리라 모두 없애야 한다 말하고 여자는 그래도 같이 살 수 있도록 도와야 한단다. 덩치가 크고 뒷목이 두툼한 그 남자는 새가 얼마나 균이 많은가에 대해서 침을 튀기며 화를 내고 여자도 질세라 자신의 의견을 굽히지 않는다. 듣지 않으려 해도 들리니 내 귀는 자연히 그쪽으로 향한다. 이야기는 반전에 반전을 거듭하다 어이없게도 자신의 아이들 험담으로 이어진다. 어미가 매사에 그렇게 흐리멍덩하니 자식들이 그 모양이라는 남자의 강한 일갈이 터진다.

산책을 나와서 그만한 일로 왜 화를 내는지 또 자녀문제까지 끌어들여 원망의 말을 쏟아놓는지 모르지만 요즘 세상 변해가는 것을 모르는 간 큰 남자가 분명하다. 마침내 남자가 바람을 일으키며 휑하니 일어나고 여자가 그 뒤를 종종거리며 따라간다. 그 서슬에 영문도 모르는 비둘기들이 하늘로 날아오른다.

마침내 그 남자가 왔다. 아마 무의식중에 그를 기다리고 있었는지 모른다. 가끔 재수가 좋아야? 만나게 되는 사람인데 오늘은 운이 좋은 것 같다. 언제 나타났는지 길에 서서 오고가는 사람들에게 허리를 숙이며 절을 하고 있다. 무엇이 그리 즐거운지 얼굴에 가득 미소를 머금고 고개를 숙여 인사를 하는데 들어보면 똑같은 한마디다. 입속으로 웅얼거려 자세히는 안 들리지만 '감사합니다'라는 말인 것 같다. 처음 그를 보았을 때 구의원이나 시의원에 출마한 사람인줄 알았다. 오고가는 사람에게 정중히 절을 하고 나를 향해서도 인사를 하기에 얌전히 맞절로 받았는데 알고 보니 정신이 온전하지 못한 사람이란다. 옷도 깨끗하고 예의도 발라서 처음 보면 이상하다고 못 느끼지만 시선은 초점이 없고 눈빛은 텅 비었다.

이 각박한 세상에 아무 목적이 없이 누가 지나가는 사람에게 허리를 숙이고 인사를 할까. 선거철만 되면 반짝하고 나타나 별로 손을 잡고 싶지 않은데도 막무가내 내 손을 꽉 쥐던 정치하는 그들, 하지만 당선이 되어 떠나버리면 엄감생심 어디 가서 높은 분들의 그림자라도 만나보겠는가.

이른 봄의 햇빛은 공원 가득 머물고 나는 멀찍이 앉아 절하는 남자를 바라본다. 세상을 살다보니 다들 너무 똑똑하고 계산도 밝아 허술한 사람이 없었다. 생의 모퉁이를 힘겹게 넘어오며 억울하고 분한 일을 당해도 표현을 못했기에 그를 바라보는 순간 알 수 없는 편안함이 밀려온다. 늘 긴장하고 살던 마음이 무장해제 되었다고 할까. 비록 정신줄을 놓아서 자신이 무엇을 하는지 모른다 해도 감사로 가득한 그 인사만은 진정으로 받아들이고 싶다.

우리는 정확하게 자신이 지나온 시간만큼의 얼굴을 하고 오늘을 맞이하고 보낸다. 가슴속에 높은 울타리를 치고 그곳에 비밀의 열쇠까지 채우고 사는 사람들, 남에게 해를 끼치지 않아도 보편적이라는 것에 벗어나는 사람을 우리는 돌았거나 이상하다고 말한다. 하지만 정신의 온전함의 기준을 어디다 두어야 할지 그것을 생각해 볼 때가 있다. 겉이 멀쩡해 보여도 그 마음속에는 온갖 갈등으로 본마음을 잃은 이도 있고 남의 목숨과 재산을 제 것으로 이용하려는 사람도 많다. 남보기 좀 이상하고 보편적이지 않다고 해서 자신의 짧은 잣대로 상대를 재단해서는 안 된다.

걸레라는 별명을 가진 중광스님이 있었다. 옷을 남루하게 입고 미치광이 중을 자처하며 때로는 벌거벗고 그림을 그리며 만행을 일삼았기에 세간의 입에 많이 오르내렸다. 어떤 이는 득도하였다고 하고 어떤 이는 미쳤다고 하였지만 생을 마감하는 날 '괜히 왔다간다'는 한마디를 남김으로서 그를 비판하던 세속인의 간담을 서늘하게 만들었다. 경허스님도 일반인의 눈으로 보기엔 이해하기 힘들다. 어느 날 경허스님은 어머니 앞에서 옷을 전부 벗고 한바탕 춤을 추었다. 그 어머니가 차마 바로 보지 못하고 망측하다며 외면하고 돌아서자 무척 슬퍼했다고 한다. 자신은 아기 때 닦아주고 안아주던 그 몸과 마음이 달라진 것이 없는데 바라보는 어머니의 마음이 변한 것이다. "애야 감기 들겠다. 옷 입어라." 그 말 한마디면 좋았을 것을.

공원의 오고가는 누구도 절하는 남자에게 관심을 주지 않는다. 끝없이 고개를 숙이며 무슨 말인가를 중얼거리지만 무심한 외면만 있을 뿐이다. 대부분의 사람들은 자신의 현재 상황에 매몰되어 누구에게 관심을 줄 여력이 없다. 나도 크게 다를 것이 없어 치자색얼굴로 연거푸 담배를 물고 있는 노인의 가래침이 내게 튈까 자리를 옮겨 앉는다. 그러면서도 노인의 온몸에서 배어 나오는 외로움의 그늘을 감지한다.

어디선가 공이 하나 굴러온다. 아이가 뛰어오며 "할머니 공 좀 던져주세요." 한다.

누구를 부르나 싶어 옆을 둘러보다가 꿈에서 깬 듯 현실로 돌아온다. '아 그래 내가 할머니였지.' 남의 얼굴에 그려있는 흔적만을 찾다 정작 나를 잊었다. 무심한 듯 지나가는 누군가의 눈에 나의 외로움도 감지될 것이다. 정호승 님의 「수선화에게」라는 시에는 살아간다는 것은 외로움을 견디는 일이다. 새들이 나뭇가지에 앉아있는 것도 외로움 때문이라 했고 산 그림자도 외로워서 마을로 내려온다고 했다. 인간 각자의 내면은 외로움으로 가득 차 있음을 이제는 알 것 같다. 좀 전에 내 옆을 잠시 스쳤던, 싸우는 남자와 가래침을 뱉는 노인, 젊은 연인들, 공원 귀퉁이에서 무어라 중얼거리며 하염없이 절을 하고 서 있는 그 남자 옆으로 미로보다 더 복잡한 얼굴들이 무심한 강물 되어 흘러간다.

건천궁의 가을

단풍잎들이 온 거리에 구르는 날 ○선생님의 전화를 받았다. 경복궁 뒤쪽에 새로 지은 건천궁을 보러가지 않겠느냐는 제안이다. 마침 계절은 11월 중순 마지막 떠나는 가을을 만나고 싶었던 참이라 망설임 없이 달려갔다. 궁궐 건물이 잘 복원된 경복궁 뜰에는 온갖 종류의 나무와 꽃들이 색색의 옷을 갈아입었다. 아직 정식 개장을 하지 않아 특별초대장으로 입장을 하니 불러준 선생님의 마음이 예쁜 선물바구니처럼 고맙다. 우리는 잘 교육받은 안내인의 설명을 들으며 1895년 그날에 있었던 사건을 반추하며 때로는 경탄을 때로는 분노로 가슴을 출렁거린다.

다시 태어난 건천궁은 엄밀한 고증을 거쳐 옛 모습 그대로 복원했다고 한다. 한때 고종황제 부부가 살았던 곳이지만 궁궐이라기보다는 양반집 건물과 비슷하다. 안채와 사랑채로 구분된

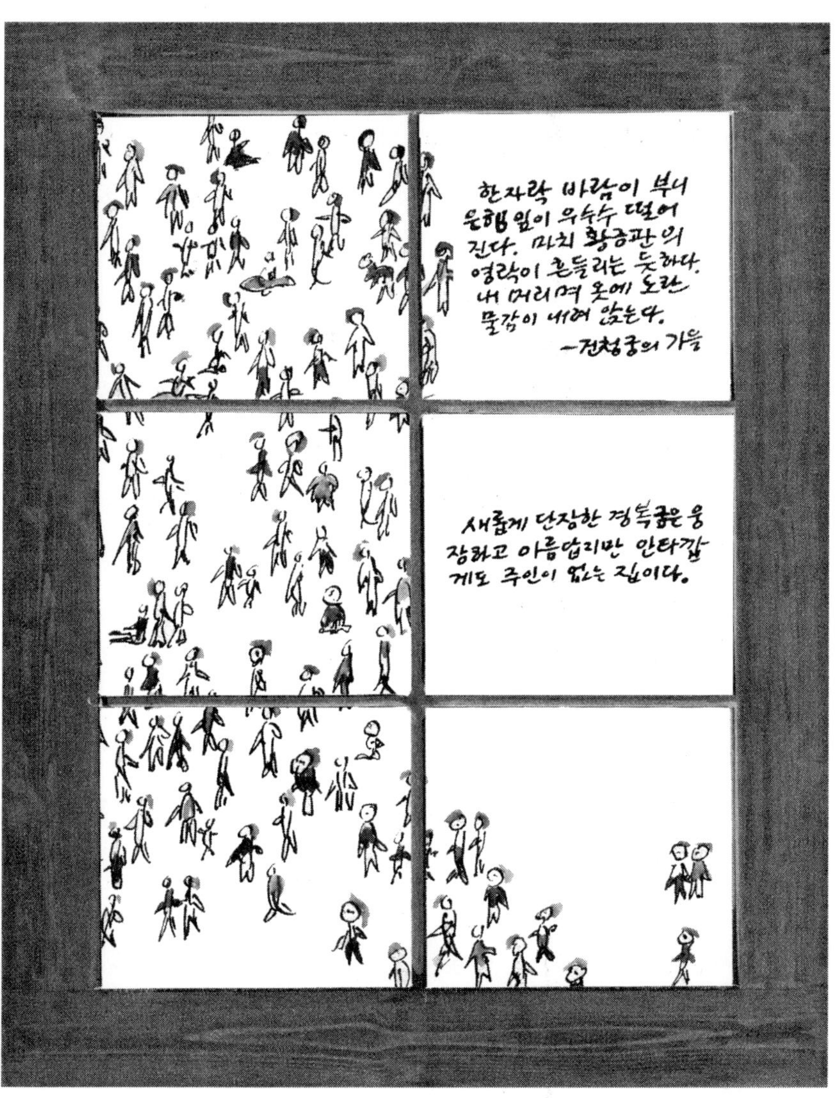
한자락 바람이 부니
은행잎이 우수수 떨어
진다. 마치 황금판의
영락이 흔들리는 듯하다.
내 머리며 옷에 노란
물감이 내려 앉는다.
—건청궁의 가을
새롭게 단장한 경복궁은 웅
장하고 아름답지만 안타깝
게도 주인이 없는 집이다.

생활공간이 격식보다는 편리함과 편안함이 엿보인다. 슬픈 역사를 안고 헐리었다가 다시 지어진 집은 마치 부잣집 별장을 연상시키는데 장안당(왕의 공간)과 곤녕합(왕비의 침전)은 긴 복도로 연결되었다. 아마 왕께서 이 복도를 통해 왕비를 만나러가지 않았나싶어 애틋한 마음을 담아 이리저리 둘러본다. 그리고 왕비의 침전 뒤쪽에 있는 옥호루에 올랐다. 내려다보니 향원정 연못이 가을을 가득 안고 있어 더없이 아름답지만 을미사변 그날의 비극을 생각하지 않을 수 없다.

경복궁 공사가 끝난 다음해에 고종은 대신들과 의논도 하지 않고 건천궁 공사를 시작한다. 아마 아버지 대원군의 간섭이 없어도 이제는 혼자서도 정치를 잘할 수 있다는 그런 의지의 표현이 아니었을까 싶다. 고종은 많은 시간을 새로 지은 건천궁에서 왕비와 함께 보낸다. 나라일은 물론 외교사절도 이곳에서 접견하였다 하니 아마 그때가 두 분의 생애에 가장 행복했던 때가 아니었을까.

조선말의 세상은 급박하게 돌아가고 있었다. 청일전쟁에서 이긴 일본은 막대한 배상금과 함께 요동반도와 타이완을 청에게서 뺏어왔다. 하지만 러시아가 개입해 요동반도를 청에게 되돌려 주게 되면서 세계를 정복할 야심에 불타던 일본은 치명타를 입는다. 이것을 기회로 명성황후는 내각을 친러시아파로 개각하고 친일파가 장악한 군대를 해산시키려고 시위대의 조직을 준비한다.

1895년 10월 8일 새벽 을미사변이 일어났던 그날도 두 분은 건청궁에 계셨을 것이다. 영리하고 똑똑한 황후가 친러시아 정책을 주도하고 있으니 그들은 어떻게든 황후를 제거해야만 했다. 그 새벽 일본의 경찰과 낭인들이 '여우사냥'이라는 암호를 달고 경복궁 담을 넘었고 왕의 군대는 힘없이 무너져 끝내 한 여인을 지켜주지 못했다. 나이는 44세 생의 가운데에 있던 젊은 왕비는 돌연히 일제의 칼 아래 쓰러졌다.

그때 황후의 최후를 보았던 일본인의 증언은 가냘픈 몸매에 얼굴은 유순하게 생겼고 살결은 희었다고 전한다. 그 후 일제는 옥호루가 부담스러웠는지 다른 건물을 헐어낼 때 건천궁도 함께 헐어낸다. 그 자리에 총독부가 지어져 한동안 국립 현대미술관으로 이용되다가 또다시 헐리고 새로 지어졌으니 세상에 영원한 것은 없다는 말은 진리다.

내 어릴 때만 해도 식민사관의 교육으로 황후의 업적은 폄하되었다. 사치가 심하고 시아버지에게 불효하는 그래서 호칭도 민비라고 부른다는 교육을 받았다. 이제 세상이 좋아져서 그녀의 업적이 새롭게 평가되고 시대를 앞서가는 개화된 여성으로의 위상이 높아졌다. 비록 비운의 시대를 만나 짧은 생을 살았지만 왜적의 칼 아래 산화되므로 그녀는 후손에게 영원히 지지 않는 별로 환생했다. 대한민국이 건재하는 한 영화로 드라마로 뮤지컬로 대대손손 이어 전해질 것이기 때문이다.

한자락 바람이 부니 은행잎이 우수수 떨어진다. 마치 황금관의 영락이 흔들리는 듯하다. 내 머리며 옷에 노란 물감이 내려앉는다. 새롭게 단장한 경복궁은 웅장하고 아름답지만 안타깝게도 주인이 없는 집이다. 얼마 전 「궁」이라는 드라마를 보았다. '만약 현대에 궁궐이 있고 그 속에 왕족이 존재한다면'이라는 설정이다. 드라마를 보며 지금도 그런 왕실이 존재하고 있으면 좋겠다 싶었다. 600년 조선왕조의 정통자손이 남아있어 궁궐 사람들의 모습을 볼 수 있다면, 그래서 그들이 전통의 모범을 보이고 국민이 그들을 존경한다면 삶이 조금 더 윤택할거라 싶다. 일본은 아직도 천황 일가를 받들며 그 전통을 이어가는데 잘 복원된 경복궁의 여러 건물들은 관광객만 드나들 뿐 전각 안은 썰렁하다.

달려온 가을바람이 담장 위 기왓장 위의 풀을 쓸며 지나간다. 사라진 왕조를 보면서 인간이 만든 역사는 영원할 수 없다는 것을 느낀다. 양손에 은행잎을 가득 주워본다. 만추의 오후처럼, 내 남아있는 시간도 이제 늦가을의 끝자락이다. 왔다간 흔적조차 남길 일 없으니 그 모든 것이 어젯밤의 꿈이다. 조금 후면 이 마당 안의 모두는 떠날 것이고 또 다른 사람들이 걸어 들어올 것이다. 그러면 안내인은 또다시 먼 옛날이야기 한 편을 들려주듯 조선말 왕과 왕비의 최후를 슬픈 표정을 지으며 들려줄 것이다. 사람들은 마치 어제 일인듯 두 주먹을 불끈 쥐며 억울해하다가 이 마당을 떠나면 그 모든 것을 잊는다.

광릉에 놀러간 날

시월의 마지막 날 아침, 온갖 여러 가지 화장품을 얼굴에 바르고 몇 번인가 이 옷 저 옷을 갈아입어본 다음 집을 나섰습니다. 마침 한창 좋은 가을하늘은 티 없이 파래서 마음도 덩달아 싱싱했습니다. 그간 격조했던 친구들을 만나 마음껏 회포를 풀고 서로 더 예뻐지고 젊어졌다며 칭찬을 아끼지 않았습니다. 모두는 약간 들떠서 웃고 떠들며 길을 따라 가다가 광릉내의 숲길과 만났습니다. 그곳에는 끝자락의 가을을 즐기려고 사람들이 삼삼오오 모여 있습니다. 일행도 주차를 하고 표를 사러 갔습니다. 그 순간 한 친구가 우리는 모두 경로라고 말합니다. 그랬더니 표 파는 아가씨는 주민증도 확인 하지 않고 친절하게 그냥 들어가라 합니다. 나라에서 지정한 노인의 나이는 만으로 65세, 물론 우리는 아직 지공파(지하철을 공짜로 타는) 법적 노인은 아니었습니다.

그 순간 왜 그런 거짓말을 했고 모두 동조했는지 알 수 없습니다. 그래서 아낀 돈은 일인당 이천 원 합해서 만원입니다. 장난삼아 한 말 때문에 얼떨결에 공짜로 들어오게 된 우리는 무엇이 즐거운지 한바탕 웃고 떠들었습니다. 나는 간이 작기로 유명하기에 속이 편치 않았습니다. 혹시 검표원이 뒤늦게 쫓아와 주민증을 확인하면 어떻게 될까 하는 불안이 밀려왔습니다.

광릉은 세조와 그 부인 정희왕후가 누워있는 곳입니다. 넓디넓은 대지 위에 구름같이 높은 곳을 택해 황금의 잔디를 덮고 계십니다. 여러 백년이 지났지만 그 위용은 능 앞의 둥글고 높은 턱만 보아도 알 수 있습니다. 비록 조카 단종을 죽이고 얻은 왕위이지만 그 권력의 힘은 세세연년 이어져 민초인 우리의 기를 누르고도 남습니다. 나는 두 개의 산으로 연결된 높은 봉분을 보며 비료포대를 깔고 미끄럼을 타며 내려오는 상상을 하였습니다. 현실에서는 몇 년째 다리가 불편해서 꿈도 꿀 수 없지만 마음은 늙지를 않아 그 순간만은 훨훨 날아다닐 수 있을 것 같습니다.

맑은 공기를 마음껏 마시고 준비해간 과일을 먹고, 그런데 이상하게도 시간이 지날수록 모두의 기분이 가라앉아 갔습니다. 그토록 즐거웠던 분위기는 차츰 성토하는 장소로 바뀌고 경로라고 외친 친구에게 원망의 화살이 날아갔습니다. 그 돈을 아껴 무엇에 쓰려고 그런 말을 했느냐로 시작해서 노인취급 받는 것이 그리 좋으냐, 아니면 지금이라도 늦지 않았으니 다시 돌아가 돈을 돌려주어야 한다는 이도 있습니다. 그리고는 마침내 누군가의 입에서 이런 말이 흘러나왔습니다. "우리가 어느새 주민증도 필요 없는 노인 모습으로 보이다니." 자조 섞인 탄식을 하기에 이르렀습니다.

한때는 아줌마라는 호칭도 싫었습니다. 결혼을 하고 두 아이를 낳을 때까지도 새댁으로 불리다가 어느 날 시장에서 누군가 "아줌마"하고 부를 때의 그 황당함은 여자라면 다 겪고 지나는 필수 코스입니다. 돌아보면 세월은 왜 그렇게 야속한지 순간을 알차게 써보지도 못하고 쫓기듯 살아온 기억뿐입니다. 이 능의 주인처럼 천하를 얻겠다고 권력을 향해 질주하지 못했고 이름 석 자 어디다 디밀지도 못했습니다. 한세상 무엇을 하고 지내다가 기껏 올랐다는 계급이 할머니 반열이라니. 알 수 없는 억울함과 분함이 가슴을 치밀고 올라왔습니다. 하지만 얼굴이 주민증보다 더 정확해진 현실을 피할 수는 없습니다. 아침에 온갖 화장품과 옷으로 멋을 내고 서로 젊어 보인다 치켜세운 것은 우리끼리의 위로요 말잔치입니다.

또 한 해가 지나간다는 아쉬움이 소슬한 바람과 함께 젖어옵니다. 친구들과 떨어져 절룩거리며 능의 꼭대기로 올라갑니다. 능은 좌청룡 우백호를 거느리고 당당히 세상을 굽어보고 있습니다. 높은 곳에서 아래를 바라보니 대지는 더없이 넓고 그에 반해 사람들은 장난감 인형같이 작습니다. 저쪽 산 위에는 뭉게구름이 펼쳐져 있어 마치 한순간 내가 천하를 호령하는 위치에 있는 착각이 들기도 합니다. 자연의 은혜로 우연히 생겨난 생명체들, 생각하면 허약하기 이를 데 없는 이 작은 몸을 의지하여 지금까지 위태롭게 삶이라는 것을 이어왔습니다. 그 속에는 별 볼일 없는 나 같은 사람도 있나하면 우주를 논하고 지구를 걱정하는 큰 인물도 있습니다. 그중에 더러는 저 잘났다 뻐기며 영원히 오늘 속에 있을 것 같은 환상을 지닌 이도 있습니다. 권력을 잡은 이는 국민을 위해서라는 말로 갑론을박 다투지만 알고 보면 자신의 부와 명예를 위해 산다는 것도 이제는 알 것 같습니다. 하지만 시간은 그 모든 것을 부질없게 만드는 요술쟁이입니다.

인구는 많고 산하는 작아 우리네야 돌아가 누울 한 평의 땅도 없지만 크고 웅장한 능이 마냥 부럽지만은 않습니다. 결코 자신의 것이 될 수 없는 왕의 자리를 찬탈하고 조카 단종을 죽인 세조께서는 만년이 편안했을지 그것이 궁금합니다. 지나온 역사는 정확하기에 무엇으로도 감출 수 없습니다. 선행이든 악행이든 하늘이 알고 땅이 알고 또 자신이 알기에 영원한 비밀은 없습니다. 세조 왕께서는 피부병으로 오래 고생하시다 돌아가셨다니 형제와 조카를 죽인 과보를 받지 않았나 싶기도 합니다.

그럭저럭 또 하루를 보내고 돌아 나오니 검표원 아가씨의 다정한 한마디가 우리를 기다립니다.

"할머니들 잘 쉬셨어요. 조심해서 돌아가세요." 나는 꼬깃꼬깃 손에 쥐고 있던 만원 한 장을 끝내 전하지 못했습니다.

참 바보다

나이 들면 잠이 없어진다더니 그 말이 맞는 것 같다. 새벽 2시를 넘기고도 잠들지 못하는 날이 많다. 오롯한 나만의 시간, 벽을 보고 앉았으니 겨울 바람소리가 창을 흔든다. 가락시장에서 경매 부르는 소리도 아스라하다. 온갖 것에 시달리는 낮과는 달리 이런 시간을 더없이 좋아한다. 그때라야 곁을 떠난 사람들의 기억을 마음껏 떠올린다. 사느라 더러는 잊어버린 아프고 그리운 것들과 만나는 순간이다. 언제부터인가 시간이 무섭다는 것을 절감한다. 어린 날, 버스를 타고 가다보면 양쪽의 가로수가 빠르게 뒤로 달아나 울어버렸듯이 시간도 그렇게 왔나 싶으면 떠난다. 어제와 오늘은 비슷한 것 같지만 그 속에 부모형제와 친구가 떠나고 그리움은 가슴에 가득 차오른다.

그리워하는 농도는 나이 들어감에 따라 그 음향을 달리한다.

10대에는 세상을 향한 막연한 두려움이 그리움으로 변했고 20대에는 알 수 없는 이성을 향한 동경이 있었다. 무엇을 알고 이 세상에 온 사람은 없지만 어느 날 세상 속으로 던져져서 때로는 아파하고 때로는 후회하며 오늘을 살아간다. 이순을 넘긴 지금의 내 그리움은 오래전 떠난 부모님들이다. 내 무지로 다정한 말 한마디 주고받지 못하고 헤어져 버린 그래서 지금까지 진한 마음의 빚으로 남았다.

아직도 기억에 파편처럼 남아있는 것은 환경에 대한 투정들이다. 막내도 아니고 첫째, 둘째도 아닌 어중간한 내 위치는 누구의 관심도 받을 수 없었다. 온통 없고 안 되는 것 뿐인 어린 시절이었기에 항변하는 몸짓으로 짜증과 투정을 많이 부렸다. 그 시절의 부모들은 거의가 가정을 지켜야 하는 책임이 남자에게 있다고 여겼다. 그러기에 교육은 물론 좋은 음식과 장롱 위에 올려진 보약도 내 차례는 없었다. 물을 길어야 하고, 부엌일을 거들어야 하고 무슨 일인가를 잘못했다고 꾸중을 듣고, 그 모든 현실이 야속했다. 때가 되면 가는 중학교도 한참 늦은 나이에 우여곡절을 겪으며 겨우 다녔다. 특히 명절 같은 때 다른 형제들 옷은 사오면서 내게는 언니가 입던 옷을 던져주었을 때 서러움은 극에 달했다. 어떤 때는 몇 달이고 아무와도 말을 하지 않았다. 엄마는 입에 거미줄 치겠다고 하며 대화를 시도 했지만 그럴수록 혼자만의 세상에 머물렀다.

그러기에 일찍 결혼을 하고 집을 떠나는 것이 오히려 좋았다.

내 방도 생기고 내 물건도 많아질 거라는 설렘으로 돌아 나오던 친정의 그림자를 깊게 느끼지 못했다. 하지만 결혼생활 역시 만만한 것은 아니었다. 어깨의 짐은 점점 무거워지고 어쩌면 자유마저 저당 잡힌 그런 혼란스런 마음이랄까. 많은 식구와 경제적 어려움, 사는 것이 버겁다고 느꼈을 때는 이미 내 투정과 하소연을 받아줄 부모는 없었다.

"이번 걸음이 마지막일 것 같다. 기다리지 말고 매사 참으며 살아라."

엄마가 생전에 내게 한 말이다. 오랜만에 우리 집에 오신 엄마는 마치 일하러 온 아줌마처럼 밀린 빨래를 하고 이불 홑청을 끼우고 청소를 해 주었다. 그때 엄마는 췌장암 진단을 받아 밤이면 통증으로 앓는 소리를 했다. 거의 사형선고나 다름없는 병인데도 못난 딸은 그 고통을 같이 아파하지 않았다. 내 의식 속의 엄마는 쇠처럼 강해야했고 당연히 그런 일쯤은 해주어야한다고 생각했다. 그 시절의 마음은 오직 내가 낳은 자식들에게만 쏠려 있었다. 몸이 아픈 엄마가 힘들고 괴로울 거라는 생각은 하지 못했다. 오히려 어려운 사정을 시시콜콜 이야기하며 괴로움을 보태 드렸다. 생의 가운데를 넘어가며 힘겨워하는 딸이 얼마나 가엾고 한심하셨을까. 그 마지막 함께이던 일주일을 쌓인 원망만 토해놓으며 보냈다. 맛있는 음식을 같이 먹은 기억도 없고 용돈 한 번 드리지 못했다. 그때의 내 정서는 사막의 모래처럼 바람에 날리며 푸석거렸다. 엄마가 버스에 오르며 손을 흔들던 순간만 생각하면 지금도 몸 어딘가에서 송곳이 솟아나와 가슴이며 몸을 마구 찌른다. 자식사랑에 더도 덜도 없음을 내 아이를 키워 보고야 알았다. 잘나면 든든해서 좋고 부족하면 걱정과 함께 더 귀한 것이 자식인데 그때는 그것을 모르고 차별한다고 생각했다. 왜 헤어지던 그 순간을 그렇게 보냈는지 지금 생각해도 내가 밉다.

새로 시집온 올케언니가 앞치마를 두르고 부엌을 들락거리고 엄마와 내가 마주앉아 다듬이질을 하던 풍경이 어제 같다. 엄마는 뜨개질로 반찬값을 벌었다. 손으로 한코 한코 떠서 옷을 만들어 팔기도 하고 주문받아 제작을 하기도 했다. 많은 부업 중에 하필 그렇게 힘든 일을 하셨는지 목과 팔이 늘 아프다고 했다. 무릎이며 팔에 쑥뜸을 했는데 그 상처가 백원짜리 동전만 했고 제대로 아물지를 않아 진물이 흘렀다. 그래도 밤이면 아랫목 희미한 호야불 아래 옹기종기 모여 이불 한 장에 발을 모으고 옛날이야기도 곧잘 해주었다. 특히 호랑이 이야기를 많이 했는데 나물 뜯으러 갔다가 호식을 당한 이야기며 떡장수 엄마로 변신한 호랑이가 아이들을 잡아먹기 위해 꾀를 내는 이야기도 그때 들었다. 장화 홍련을 들을 때는 계모와 장쇠가 미워 두 손을 불끈 쥐며 자매가 죽지 않기를 간절히 바랐다. 무서운 귀신 이야기도 많이 했는데 그때의 엄마 표정은 개구쟁이 아이 같았다.

또 양쪽 발을 서로의 다리에 번갈아 끼우고 손으로 무릎을 치는 놀이를 했다. 노래가 끝난 지점 무릎에 손이 가 있는 사람이 술래가 된다. 그러면 술래가 된 사람 머리 뒤쪽에 손가락을 대어 어느 손가락으로 찔렀느냐 묻고 답이 틀리면 엄마는 꼭 이불 밑에 있는 내 발을 자신의 발가락으로 비틀어 꼬집었다. 그때의 엄마발가락 힘은 대단해서 무척 아팠다. 변변한 읽을거리도 없던 시절의 동화이야기는 세파에도 지워지지 않는 자양분으로 지금까지 마음에 남았다.

사는 것이 시들하고 까닭 없이 서글퍼질 때는 시간의 골목을 오래 서성거린다. 살아오면서 겪었던 크고 작은 일들이며 아팠던 기억은 세월 따라 희미해지는데 양친에게 따뜻한 음식이며 다정한 말 한마디 못해드린 불효는 세월이 지날수록 더 선명하다. 얼마나 먼 곳으로 가셨기에 꿈에서도 만날 수 없더니 어젯밤 꿈속에서 엄마를 보았다. 반백년이 지나 이제 노인이 되어버린 딸의 모습이 안타까워서일까, 엄마는 오히려 젊은 모습이다. 숱 많은 머리에는 단정히 비녀가 꽂혀있고 늘 입던 자잘한 꽃무리 치마저고리를 입었다. 꿈속이지만 반갑고 좋았는데 무엇이 가로 막는지 서로 덤덤히 바라보다 깨었다. 왜 잘못을 빌고 용서해 달라는 말을 못하는지 안타까울 뿐이다.

밤새 내 기억의 동산을 거닐던 추억은 아침과 함께 사라진다. 같이 있을 때 소중함을 몰랐던 살붙이에 대한 그리움은 지운다고 지워지지 않지만 그 또한 끌어안고 갈 뿐 다른 대안은 없다. 하루하루 산다는 것은 지난밤 꿈속과 같다. 같이하는 순간을 표현해야 하는 것을 옛날에도 몰랐고 지금도 잘 모르니 나는 참 바보다.

그 산의 생명들

복덕방 할아버지를 앞세우고 처음 그 산골에 들어섰을 때 나를 반겨준 것은 아기자기한 숲과 함께 갖가지 목소리로 우는 새의 합창소리였다. 때는 봄인데 연두색의 산야에 마치 비단실을 푸는 듯 유려하게 지저귀는 새소리는 속세에서 갑자기 선계로 들어선 듯하였다. 순간 땅을 둘러보러 왔다는 것도 잊어버린 채 넋을 놓고 아름다운 소리에 취했다.

그동안 참 많은 곳을 찾아다녔다. 도시락 싸들고 다녀도 물 좋고 정자 좋은 곳을 구하기가 쉽지 않다고 옛사람들은 말했는데 적은 돈으로 전원생활을 꿈꾸는 것 차체가 무리였다. 그래도 희망의 끈을 놓지 않고 열심히 찾아다녔는데 마침내 원하던 곳을 만난 것 같았다. 뒷산은 제법 높은데 내려오며 순하게 이어져있고 앞산은 소쿠리를 엎어놓은 듯 동그랗고 소박하다. 잡목이 빽빽이 자라고 있는 좁은 길을 따라 산길을 올라가 보니 숲이 짙어 발 들여 놓기가 쉽지 않다. 유명한 이름을 가진 명산은 아니지만 아직은 사람의 손이 덜 닿은 곳인 것 같다. 소개하는 노인은 다른 곳을 둘러보자고 했지만 마음은 이미 그곳을 내 인생 마지막 땅으로 낙점했다. 남편과 내가 땅을 구입하는 데는 하나의 규칙이 있었다. 집을 짓되 자연을 손상하지 않고 가격이 싸다해도 나무가 많아서 그것을 베어내야 하는 곳은 안 된다. 마침 그곳은 조그만 분지로 풀만 무성할 뿐 베어낼 나무가 없다는 것도 마음에 들었다.

가족과 지인들의 반대는 심했다. 발전할 가망이 전혀 없는 그런 곳에 돈을 들이는 것은 바보나 하는 일이라며 만류했다. 하지만 그 순간 생각은 생의 마지막 장을 자연 속에 묻혀 시달린 심신을 쉬고 싶을 뿐이었다. 땅을 사고 집을 지어내기까지의 우여곡절은 말할 수 없이 많았지만 자연과 함께할 그날을 생각하며 견디었다. 마당에는 온갖 종류의 나무와 꽃을 심을 계획을 세우고 매일 산속으로 산책을 다닐 생각을 하며 즐거움에 잠겼다.

이사한 첫해는 무척 좋았다. 아침이면 여러 종의 새들이 온갖 화음으로 노래를 불러주었고 남편과 나는 마당에 앉아 풀을 뽑으며 그들의 지저귐 소리를 들었다. 적어도 그 무적의 포클레인과 불도저들만 나타나지 않았다면 행복은 좀 더 오래 계속되었으리라. 처음 그 동그란 작은 앞산에 나무를 자르고 길을 만들며 올라갈 때만 해도 무엇을 하려는지 알지 못했다. 들리는 소문에는 이름만 들으면 알 만한 유명인들이 모여 동호인 주택을 짓는다고 했다. 너무 조용해서 사람보기가 힘든 동네에 어쩌면 활기가 돌 것 같아 처음에는 오히려 좋았다.

포클레인과 불도저는 쉬지 않고 일을 하고 나무는 뽑히고 잘려나가며 흙무더기는 커져갔다. 산은 반이 깎이고 그 속에서 죽어가는 나무들의 숫자는 늘었다. 불도저 소리가 끝난 저녁에 올라가보면 산은 갈가리 찢겨 피를 토하듯 맨살을 드러내고 누웠고 그 산의 생명들은 어디로 갔는지 보이지 않았다. 그리고 산의 허리부분에 시멘트 옹벽을 쌓기 시작했는데 올려다보면 너무 거대해서 마치 중세의 철옹성 같다. 타지에서 들어온 우리는 입은 있어도 말은 못했다. 어서 공사가 끝나고 집이 빨리 지어져서 다시 푸름을 찾게 될 그날만을 기다릴 뿐. 하지만 무슨 일인지 옹벽만 쌓아놓고 공사는 중단되고 말았다. 들리는 소문에는 여러 가지 문제와 갈등으로 소송이 붙었다 하기도 하고 부도가 났다는 말이 들리기도 했다.

앞산에서는 더 이상 새의 노랫소리는 들리지 않는다. 가끔씩 내려와 우리 마당을 기웃거리던 노루며 다람쥐도 보이지 않는다. 특히 내가 좋아하는 휘파람새와 딱따구리는 어디로 갔는지 사라졌다. 파헤쳐진 산과 죽어서 말라가는 나무를 더는 보고 싶지 않았다. 이제는 뒷산으로 산책을 다녔다. 하지만 불행은 겹쳐서 온다던가, 그 다음해 봄 또다시 공사가 시작되었다. 이번에는 뒷산을 파헤치기 시작했다. 뒷산은 우리 집을 경유해서 올라가야 하는데 흙을 잔뜩 싣고 오르내리는 트럭의 소리는 방바닥을 흔들어 마치 대도시의 한가운데 있는 것 같다. 뒷산은 앞산보다 더 높은데 그곳에다 회사 직원의 사택을 여러 채 짓는다고 했다. 경사가 60도는 될 것 같은 높은 곳에 어떻게 집을 지어 사나 싶고 또 얼마나 많은 생명들이 보금자리를 잃을까 걱정만 할 뿐 우리가 할 수 있는 일은 없다. 그저 공사가 끝나기만을 기다리며 저녁이면 올라가 파헤쳐진 산과 잘려나간 나무들을 바라보았다.

기계차의 위력은 대단하다. 어느 곳이든 가기만 하면 상상을 초월하게 다른 모습으로 바뀐다. 누대로 내려오던 산은 언제 있기나 했냐는 듯 없어지고 넓은 땅이 되어 평당에 얼마라는 돈으로 계산된다. 내가 가장 좋아했던 풀이 덮인 좁은 산책길은 포장도로가 되어 차가 다니게 되었다. 하지만 길만 만들고 산은 다 깎아놓은 채 공사는 또 중단되고 말았다. 떠도는 소문은 장애인 복지시설이 들어오게 되어있는데 주민들의 반대가 두려워 전원주택을 짓는다고 속이고 공사를 벌였다 한다. 해서 주민들은 농사일을 제치고 모여 데모를 한다. 온 동네의 나무 위에는 반대 현수막이 걸리고, 주민들 역시 수용하자는 파와 안 된다는 두 파로 갈려 시골동네는 하루도 조용할 날 없이 시끄럽다.

경제를 조금만 아는 사람이 우리 집에 오면 말없이 웃기만 한다. 도무지 투자하고는 아무 상관이 없는 땅으로 다시 돈으로 환원되기도 힘든 곳이다. 바보소리를 들어가며 그곳에서 원했던 것은 딱 하나 조용히 지낼 수 있는 그것뿐이다. 그렇게 앞 뒷산을 모두 파헤쳐 새소리조차 사라져버릴 줄 어찌 알았으랴.

여름이 지나며 앞산과 뒷산은 장맛비를 견디지 못하고 토사가 흘러내렸다. 흙은 무너지고 철옹성 같던 옹벽은 깨지고 갈라졌다. 토사 때문에 피해를 입은 주민은 또 고소를 하고 마을은 송사가 끊이질 않는다. 베어진 수많은 나무와 그것에 기대어 살던 생명들도 따라서 사라지고 내 산책길도 막혀 없어졌다. 불도저 소리는 멈추었지만 산은 붉은 맨살을 껴안고 이 순간도 아파한다. 멋진 집을 지어 명품동네를 만들어 준다며 큰소리치던 그들은 모두 어디로 갔을까. 지금은 자리를 옮겨 법정에서 시시비비를 따지며 싸우고 있다 들었다.

인간의 눈으로 보면 동물이나 식물은 무덤덤하게 반복적인 순환을 계속하는 것으로 보인다. 하지만 조금만 관심을 가지고 관찰하면 그들도 우리만큼 치열하게 삶을 이어간다. 사랑을 하고 새끼를 기르고 먹이를 구하기 위해 뒤돌아볼 틈 없이 바쁘다. 그런 삶을 우리는 아무생각 없이 뭉개고 침범한다. 그들이 먹어야할 밤이며 도토리를 남김없이 털어오고 덫을 놓아 무차별 잡아들인다. 지금은 배고픈 시대도 아닌데 왜 그렇게 악착같이 착취하는지 모를 일이다. 물론 나 역시 그것에서 자유로울 수는 없다. 세상을 의지해 살아오는 동안 알게 모르게 자원을 소비하고 오염에 일조를 했다.

남편은 여러 개의 새집을 손수 만들었다. 그리고 주변의 나무위에 걸어 두었다. 하지만 몇 년이 흘러도 새들은 둥지를 찾지 않는다. 나는 오늘도 마당에 서서 그 산에 생명들이 다시 돌아오기를 기다린다.

벗에게

내 생일 하루 전날 꽃바구니 몇 개가 배달되어 왔다. 해마다 생일이면 아이들과 며느리 또 형제들에게서 연례행사로 오는 것이기에 그때만큼은 마음껏 꽃향기에 취해 지낸다. 그런데 오후쯤 출처가 모호한 꽃바구니 하나가 배달되었다. 무거워서 들기도 힘든 큰 바구니는 장미와 카네이션, 안개꽃으로 장식되었는데 화려하기가 대단하다. 예쁘게 매달린 리본에는 이런 글도 있다. 한쪽에는 '벗에게' 라고 쓰여 있고 다른 한쪽에는 '부디 건강을 빕니다'라고 되어있다.

꽃송이를 세어보니 60송이 같기도 하고 61송이 같기도 하다. 고개를 갸우뚱거리며 짚어 보았지만 딱히 짐작 가는 사람이 없다. 성격상 누구에게 생일이라고 말하고 다니지도 않을뿐더러 혹시 친목 모임에서 보냈나 싶어 몇 군데 전화를 해보아도 아는 이가 없다. 아무튼 누가 보냈건 꽃을 바라보는 순간만은 가슴이 출렁거린다.

올해 들어 우연히 얻은 눈병으로 통증과 열에 시달려 읽고 쓰지도 못하고 있다. 이 병원 저 병원을 전전하였지만 원인을 찾지 못하여 이대로 생을 마감하는 것인가 하는 마음까지 든다. 밤마다 불면에 시달리며 잠을 설치다보니 모습 또한 초라하여 사람들도 만나지 않는다. 마치 감옥 속에 갇혀있는 듯 서럽기만 하였는데 알 수 없는 벗에게서 온 꽃바구니는 잠시나마 아픈 것을 잊게 한다. 하지만 나를 벗이라고 부르는 사람은 도대체 누구일까. 친한 친구 두어 명은 안타깝게도 이미 이 세상 사람이 아니고, 이제는 마음을 터놓고 지내는 이도 몇 되지 않는다.

요즈음은 벗이라는 말을 잘 쓰지 않는 걸로 안다. 학교를 졸업할 무렵 헤어지는 것이 아쉬워서 앙케이트 공책을 만들어 서로 주고받던 시절이 있었다. 그때 서두에 쓰는 말이 '벗에게'라는 글로 시작해서 장례희망은 무엇이고 좋아하는 사람은 누구며 취미는 무엇인지 정성들여 쓰곤 했다. 여학교라 희망사항이 주로 현모양처가 많았는데 그 말의 뜻을 정확히 모르면서 나도 그렇게 썼던 것 같다. 또 세월이 흘러도 서로 잊지 말자는 표현으로 하트모양의 틀에 사진을 끼워 넣어주며 헤어짐의 아쉬움을 달랬다. 색연필로 서로의 장단점을 써주고 상대가 나에게 어떤 말을 해줄 것인가 가슴 두근거리며 기다리기도 했다 지금 생각하면 유치해서 웃음이 나지만 그 순간만은 한마디의 글이 벗에게 보내는 마음의 진실이었다.

저녁때 가족들이 돌아왔다. 아이들은 집안에 가득한 꽃향기를 맡으며 즐기는데 유독 남편은 이렇게 말한다.

"당신은 좋겠네. 아직도 누군가 흠모해서 그렇게 큰 꽃을 보내주니."

그 말을 듣는 순간 바구니를 보낸 사람이 누구인지 알아차렸다. 매사에 무딘 것이 내 약점이기도 하지만 오후 내내 별별 상상으로 즐거웠던 마음은 순간 사라졌다. 뚜렷이 알 수는 없지만 둔탁한 무엇으로 뒤통수를 세게 얻어맞은 기분이다. 남편은 평소에 꽃을 선물하는 낭만적인 사람이 못될뿐더러 젊었을 때는 아예 내 생일을 기억조차 하지 못했다. 몇 년 전부터인가 그날이 되면 돈을 좀 주거나 아니면 상품권 몇 장 정도로 때운다. 평생에 한 번 큰마음 먹고 아픈 아내를 위로한다고 보낸 선물에 벗이라는 표현을 쓰다니.

우리는 분명 부부로 만나 40년 세월을 함께했다. 한때는 서로 그리워했는데 오늘에 와서 벗이 되어버린 것은 좋은 일인가 슬픈 일인가. 그는 허다한 말 중에 왜 하필 벗이라는 단어를 사용했을까. 벗이란 사회적 지위가 비슷하여 정신과 마음이 통해 오래도록 친하게 지내는 동무, 붕우 친구와 같은 뜻이다. 부부가 서로를 벗으로 여긴다는 것은 편하고 좋은 관계라는 뜻도 있지만 어찌 보면 이제는 더 이상 이성의 감정이 없다는 그런 의미도 된다.

님이라는 글자에 점하나만 찍으면 남이 되는 세상이라는데 나는 한치의 의심도 없이 그를 피를 나눈 부모형제보다 더 가깝다고 생각한다. 그러기에 지금까지 내 것이라는 개념도 없고 그 흔하다는 비자금도 만들지 않았다. 얼마 전에는 살고 있는 집을 공동소유로 하자고 남편이 먼저 제안했지만 나는 일언지하에 거절하였다. 내일 떠나도 정리할 것 없이 간편하게 살다가는 것이 평소 소신이라고 큰소리치면서.

물론 10여 년 전부터 방을 따로 쓰고 부부에게 있어야 하는 애정표현은 잊은 지 오래다. 처음 원인은 시어머니가 병으로 누워 계실 때부터였는데 자식된 도리로 편한 잠을 자서는 안 된다는 그의 뜻에 따른 것이다. 이제 어머니도 먼 길을 떠나고 안 계시지만 지금은 서로 불편해서 같이 방을 쓰지 못한다. 그는 초저녁잠이 많고 나는 보통 밤 1, 2시를 넘겨야 잠자리에 드는 인체 사이클이 다른데다 또 옆에서 조금이라도 부스럭거리면 뜬 눈으로 새우는 버릇까지 생겼다.

해질녘, 동네를 일없이 걸어 다니며 잡다한 상념에 잠긴다. 좀 전까지 눈부신 가을 하늘이 머리 위에 펼쳐져 있었는데 언제 그런 일이 있었느냐는 듯 검은 휘장은 세상을 어둠 속에 가두었다. 생각하면 자연은 인자한 어머니이면서 너무 정확하여 무섭다. 뛰던 가슴을 차게 식혀 감동을 잊어버리게 하는 것도 그의 뜻이요, 모든 사물을 잠시도 가만 두지 않고 변모시키는 것도 자연의 뜻이다. 이 세상에 와서 왜 바쁜지도 모르게 평생 뛰어다녔지만 이제 생각하면 얻은 것은 무엇일까. 약간의 추억을 빼면 가슴 아픈 몇 개의 기억뿐. 지금도 부산 송도나 해운대에 가면 어느 골목에선가 젊고 씩씩했던 그와 수줍음 많았던 내가 몇 발짝 앞뒤로 떨어져서 다소곳이 걸어가고 있을 것 같은데, 세월은 우리를 부부에서 늙은이로 또 벗으로 변모시켰다.

'벗' 사건 이후에도 그와 나 사이에 달라진 것은 없다. 그 며칠을 혼란한 마음으로 보내긴 했지만 나는 표현하지 못했고 그도 해명하지 않았다. 여전히 아침이면 내가 해주는 밥을 먹고 출근하고 저녁 8시경이면 어김없이 돌아와 하루에 있었던 일을 나에게 이야기해준다. 신문과 TV를 같이 보고 세상이 왜 이렇게 잘못 돌아가느냐고 합창으로 걱정한다. 또 자기 이익에만 급급한 정치하는 사람들의 행태를 성토할 때는 사상과 뜻이 맞는 동지로서 우리는 틀림없는 한편이다.

잘 자라는 말을 하고 내 방으로 들어가다 가만히 생각해보니 벗이라고 한 그의 표현을 이제 받아들여야 할 것 같다.

길 위에서

여름날 저녁 시원한 바람을 맞으며 강변길을 걷다 문득 뒤를 돌아다보았다. 회청색의 하늘에는 방향을 알 수 없는 신비한 바람이 일고 갈대는 신이 난 듯 머리를 흔들었다. 그 순간 하늘이 무서운 소리로 울기 시작했다.

그 소리는 처음에는 웅웅거리듯 하더니 뇌성과 함께 번개를 동반한다. 하늘은 왜인지 무척 화가나 있는 것 같다. 간간이 오고가던 사람들은 빠르게도 어디로 갔는지 길 위에는 오롯이 혼자다. 나는 어찌할 바를 몰라 서성거린다. 뒤돌아 가자니 너무 많이 왔고 그냥 가려니 바람도 검은 하늘도 무섭다. 번개가 칠 때마다 갈대며 망초들이 하얀 머리를 흔들고 비는 어느새 소나기로 변했다. 그제야 불안하여 호주머니를 뒤져보니 휴대폰도 동전 하나도 없다.

그 막막함, 늘 그랬다 육십갑자 한 바퀴를 돌아 덤의 시간을 살면서도 아직도 요령이 부족하고 삶에 서툴다. 비는 때리듯 내리고 생쥐꼴이 되어 걷다 생각해보니 나는 어디를 흐르고 흘러 이 탄천 밑에 서 있을까 싶다.

그동안 참 많은 길을 걸어왔다. 어린 시절 전쟁으로 인해 고향을 떠난 후 부산에서의 가난했던 생활과 고학으로 이어진 학업. 철도 들지 않은 어린 나이로 결혼을 하여 영문도 모른 채 짊어지게 된 온갖 책임과 짐들, 작은 지혜만 있어도 쉽게 지나갈 길을 허둥거리며 둘러왔다. 소태같이 쓴 삶의 고비를 넘어올 때는 누구에게 힘들다는, 그래서 도와달라는 말도 못했다. 숨이 턱에 차도록 높은 산길을 오를 때는 오히려 내 거친 숨소리를 누가 들을까 스스로 입을 막았다.

어떤 가수의 「인생」이라는 노랫말이 생각난다. "돌아가라면 나는 못가겠네 마디마디 서러워서 못가겠네" 한생이 얼마나 힘들었으면 젊음이 있는 그곳으로 다시 보내준다고 해도 싫다고 했을까. 나 역시 세월을 거슬러 젊음이 있는 그곳으로 가라면 못 가겠다. 그러기에 지나온 길을 돌아보면 빗물 흘러가는 소리만 들린다.

인생은 한 편의 연극이며 우리는 각자 맡은 역을 충실히 연기하는 배우라는 셰익스피어의 경구가 생각난다. 대역도 없이 한 번으로 끝나는 희극 같은 드라마. 그것을 좀 일찍 깨달았다면 내가 맡은 배역을 여유 있게 즐기며 관객의 갈채를 받을 수 있었을 텐데. 이순을 넘기며 이제 모든 것을 편한 마음으로 바라볼 줄 알아야 하지만 내면은 아직도 뜨겁다. 지구의 시간으로 보면 생은 찰나라는데 그 짧은 순간에 사랑하고 미워하며 온갖 근심을 안고 다닌다. 결국 빈손으로 돌아간다는 것을 너무 잘 알면서도 무엇을 기다리고 무엇을 잡아보겠다 아직도 헛손질을 한다.

요 며칠 전에 친지의 죽음을 보았다. 늘 건강을 자랑하던 사람이었는데 종합검진을 받는 중에 암이 숨어있는 것이 발견되어 두 달을 넘기지 못하고 떠났다. 그는 두통으로 고생하는 내 머리를 만날 때마다 만져주던 자상한 사람이었다. 상냥했던 그녀의 미소는 죽음을 상상할 수 없지만 한줌의 재로 변하는 것을 보며 생과 사가 한마당 안에 있음을 실감했다. 굳이 현자의 말을 빌리지 않더라도 우리가 애써 얻으려고 하는 것이 찰나의 꿈에 불과하다. 사람이 나비의 꿈을 꾸는지 나비가 사람 꿈을 꾸는지 알 수 없다고 한 장자의 말 역시도 꿈속 일인지 모른다.

나무 밑에서 잠깐의 비를 피한다. 바람은 방향을 알 수 없고 하늘은 검은 호수처럼 깊다. 흔들리는 나무 위에 아슬아슬 매달려 있을 새집, 그 속에 웅크려 있는 작은 생명들. 그들 역시 왜 그곳에 있게 되었는지 모르고 왜 그렇게 힘들게 살아야 하는지 모른다. 그저 살기 위해서, 살아남기 위해서 바쁠 뿐이다. 사랑을 하고 새끼를 기르고 집을 보수하고 먹이를 찾다 시간의 너머로 사라진다. 자연은 결코 인자한 어머니가 아니었다. 때론 고맙고 감사하지만 삶을 가르쳐 주려고 그러는지 감당하기 힘든 고통을 주기도 한다. 가끔은 보너스처럼 아름다운 풍경과 좋은 음식을 주어 위로하지만 세상은 결코 살아내기 쉬운 곳이 아니다. 나는 요즘에야 징그러워 보기도 싫었던 지렁이며 작은 벌레까지도 그것이 존재하는 이유를 생각하고, 살아있기에 아름다운 그래서 그들과 나의 생명의 값이 결코 다르지 않음을 안다.

운명이 정해준 대로 걸어온 시간들, 아무리 걷고 또 걸어도 길의 끝은 만날 수 없다. 이렇게 가다보면 너도나도 바람 되고 물 되어 자연과 합류할 것이기에.

2.

봄날에 생긴 일

까치둥지

베란다 문을 열기 무섭게 까치 두 마리가 머리 위로 달려든다. 주객이 전도 된다더니 녀석들은 아무래도 이 집의 주인이 자신들인 줄 아는 모양이다.

올봄 창문 베란다 밖 난간에 까치 두 마리가 둥지를 틀었다. 하지만 그들이 쉽게 내 집을 선택한 것은 아니다. 무려 몇 년 전부터 호시탐탐 우리 집 난간에 눈독을 들이며 주변을 살피기를 여러 해, 어느 해는 가지 몇 개만 갖다놓다 말기도 하고 어느 해는 집을 거의 다 지어서 헐어버리고 가버렸다.

남편은 난간 아래가 넓어 물어온 가지가 밑으로 자꾸 빠져서 집짓기를 포기한 것이라며 친절하게 옷걸이 철사를 펴서 가로와 세로로 밑판을 짜 만들어 주었다. 그랬더니 오히려 자주 오던 발길을 뚝 끊었다. 사람 냄새가 묻은 철사가 싫었는지 근 일 년을 오지 않다가 올해 초 철사를 걸어준 곳을 피해서 가지를 물어다 쌓았다. 누구에게 집짓기를 배웠는지 입구는 오목하게 만들고 천장까지 얹은 것이 신통하기 만하다.

남편은 심심하면 문을 열고 그들의 둥지를 들여다본다. 5천여 가구의 대단지 아파트에 유독 우리 집에 둥지를 튼 것을 대견해하는 마음에서다. 또 까치가 울면 반가운 손님이 온다고 했으니 맹물 같은 우리 생활에 혹여 좋은 일이 생기려나 하는 기대 한 가지를 그것에다 걸어보는 것이다. 나는 창문을 자주 열면 까치가 불안하여 알을 품지 못할까 걱정되어 내다보지 못하게 막지만 장난을 좋아하는 그이는 베란다 난간에 고개를 내밀고 아예 손까지 휘젓는다. 그러면 까치부부는 거의 비명에 가까운 소리를 지르며 남편의 머리 위로 달려든다. 자신의 둥지를 사수하겠다는 일념이 숙연할 정도다.

젊은 시절 1년 아니면 2년 사이로 잦은 이사를 다녔다. 아이들 때문에 주인집에서 싫은 소리라도 들은 날은 또 다른 전세방을 찾아 나섰다. 넓은 서울하늘 아래 등 붙일 곳 하나 없는 서러움은 당해보지 않은 사람은 모른다. 나는 지금도 낯선 동네 낯선 골목을 기웃거리며 다니는 것을 취미로 하고 있다. 그렇게 돌아다니다 내 마음에 꼭 드는 아담한 정원을 가진 집을 찾으면 주위의 시선도 잊어버리고 오래 그곳에 서성거린다. 특히 남향받이 담벼락에 줄장미가 무리 지어 피어있고 마당 안에서 남자가 화원에 물을 주고 있는 풍경이라도 만나면 내 마음은 아예 그 집 대문 안으로 들어가 버린다. 현관을 지나 거실에 서면 따뜻한 햇살이 가득하고 잘 정돈된 부엌에서 나는 구수한 커피냄새, 그런 집을 한 번 가져보는 소원을 아직도 버리지 못하고 있다. 이제 생각하면 사람이나 동물이나 작은 둥지 하나를 가꾸고 지키기 위해 동분서주하다 마는 것은 아닐까.

어느 날 안방창문 곁에 귀를 가만히 대보니 작고 여린 또 하나의 생명 소리가 들린다. 까치 부부는 드디어 큰일 하나를 해낸 것이다. 그들은 더 사나워지고 바빠졌고 우리는 새끼가 놀라게 되는 일이 없도록 조심했다. 그래도 궁금해서 숨죽이고 커튼 사이로 내다보면 잠시도 쉬지 않고 2, 3분 간격으로 무언가를 물고 둥지를 드나든다. 그 새로운 생명이 어디서 자신에게로 왔는지 알 리 없지만 잘 키워야한다는 그 한 가지 의지는 놀라움을 넘어 감동으로 다가온다.

오늘도 남편은 조심스레 베란다 문을 열고 머리를 내민다. 그러면 녀석들은 둥지의 침입자를 응징하기 위해 용감하게 달려든다. 나는 남편을 밀어내고 조용히 문을 닫아준다. 까치나 나나 빈손으로 세상에 와서 둥지 하나를 지키며 살기가 얼마나 버겁다는 것을 알기 때문이다.

두 여자

4월 중순, 아차산 자락의 한강변에는 꽃잔치가 한창이다. 벚꽃은 연분홍 구름이 되어 하늘거리고 사람들은 그 아래를 여유있게 걷는다. 젊은 남녀는 서로의 허리를 안고 사랑삼매경에 빠져있고 삼삼오오 친구며 가족들은 오늘의 주인공이 되어 봄을 즐긴다.

꽃그늘 아래 탁자에는 두 여자가 한 잔의 차를 앞에 두고 앉아있다. 얼굴에 세월의 나이테를 가득 안은 도회의 어디서나 만날 수 있는 평범한 그런 모습이다. 두 여자 중의 한 명은 불과 한 달여 전에 남편을 저세상으로 보냈다. 아니 떠나보낸 그 사람을 남편이라고 해야 할지 어떨지 모르겠다. 그 남자와는 25년 전에 이혼을 한 상태이기 때문이다.

행복하다고 생각하며 3남매를 키우던 여자에게 어느 날 남편

꽃그늘 아래 탁자에는 두 여자가 한 잔의 차를 앞에 두고 앉아 있다. 얼굴에 세월의 나이테를 가득 안은 도회의 어디서나 만날 수 있는 평범한 그런 모습이다.
—두 여자
일년에 한두 번, 꽃이 피거나 지는 계절이 오면 두 여자는 만난다. 그리고 약속이나 한 듯 삶의 고단함을 토해 놓는다.

의 한마디는 청천벽력이었다. 남자는 진정 운명적으로 사랑하게 된 여자를 이제야 만났다고 하였고 그 마음을 자신도 어찌할 수 없다고 고백했다. 새로운 사람과 나머지 생을 함께하지 못한다면 차라리 죽음을 택하겠다고 말했다. 세상물정 모르는 순진한 여자는 자신에게 남아 있는 삶이 어떻게 될 것이라는 생각도 못하고 남편과의 삶을 접었다.

둘 중의 또 한 여자는 오로지 가난을 면하기 위해 살아왔다. 어린 시절부터 그토록 자신을 괴롭혔던 가난이라는 굴레는 그녀 삶의 가장 큰 화두였다. 아이들이 세상모르고 행복하게 학교에 다닐 때부터 그는 밀린 월사금 때문에 수업 중에 쫓겨 나야했다. 그러기에 어린나이에 생활 속에 뛰어들어 돈을 벌었다. 자신의 부모는 왜 그토록 가난할까 원망도 했지만 마음만 더 괴로울 뿐 그녀 앞의 궁핍은 없어지지는 않았다. 이 일 저 일을 힘들게 하면서 오직 한 가지 생각은 가난을 대물림하지 않겠다는 그 일념이었다. 그러기에 더 나은 내일을 설계하느라 오늘의 소중함을 모른 채 생의 대부분을 써버렸다.

일 년에 한두 번, 꽃이 피거나 지는 계절이 오면 두 여자는 만난다. 그리고 약속이나 한 듯 삶의 고단함을 토해 놓는다. 한 여자가 가족을 버린 남자는 왜 아무 일도 일어나지 않고 지금껏 잘사는지 신은 분명 죽었을 거라 흥분하면, 또 한 여자는 태어나보니 이미 가난해 있던 자신의 운명은 분배의 불공정에 의한 피해라 목청을 높인다. 4, 50년대를 호화롭게 잘살아온 사람은 분명 친일의 후손이거나 권력을 가진 기득권뿐일거라 단정을 내리며, 한 평의 집도 땅도 없이 고생만 하다 돌아가신 부모님을 생각한다. 둘이서 그렇게 빈 메아리라도 실컷 울리고 나면 그녀들의 고단한 한 해가 시간의 저편으로 느릿느릿 사라졌다.

이혼할 당시 초등학생이었던 아이들을 식당 일을 하여 대학까지 가르치고 모두 결혼도 시켰다. 그 힘든 과정들을 혼자 거쳐내고 이제 남은 시간은 자신을 위해서 살려고 하는 순간 떠난 뒤 한 번도 연락이 없던 옛 남편이 갑자기 찾아왔다. 물론 여자는 완강히 거부하며 받아들이지 않았지만 남자는 문간방에 가방을 풀고 마치 오랜 외출에서 돌아온 듯 집안의 이곳저곳을 둘러보았다. 새 며느리의 인사도 받고 새로 태어난 손자의 기저귀도 갈아주며 마치 늘 함께했던 할아버지 같이 행동했다. 그런지 3개월, 어느 날 밤 남자는 여자의 방문을 밤새 두드렸다. 이야기를 좀 하자고 애원했지만 여자는 끝내 문을 열어주지 않았다. 다음날 조용하여 방문을 열어보니 남자는 싸늘한 시체로 변해있었다. 자신의 죽음을 예감하고 돌아왔는지는 알 수 없지만 마치 연어가 바다를 헤매다 태어난 고향의 물에서 마지막을 맞이하듯 남자는 그렇게 옛 가족의 곁에서 떠났다. 죽었다고 해도 돌아보지 않겠다던 평소의 말은 어디 갔는지 여자는 오히려 주변 사람이 놀랄 정도로 식음을 전폐하고 울다가 쓰러지곤 했다. 온갖 푸념과 넋두리의 핵심은 '미안하다 잘못했다'는 그 한마디를 왜 하지 않고 갔느냐는 원망이다. 여자는 '미안했다'는 말 한마디를 염원처럼 기다리고 있었던 것이다. 그것은 심연 깊은 곳 어디쯤에 숨어있던 다하지 못한 사랑의 잔해요 한이었다.

그리고 이해할 수 없는 것은 잠시라도 못 보면 숨이 멎어 버릴 정도로 사랑했다던 남편의 새 여자는 마치 지나가는 손님처럼 장례식장에 잠시 들러 덤덤히 앉아 있다 돌아갔다. 그들이 정말 양쪽 가정을 파경으로 만들며 새 가정을 이룬 사람들이 맞는지 믿을 수 없는 일이었다. 돈 잘 벌고 건강할 때는 소중하다가 퇴직을 하고 남자로서의 볼일이 없으니 내쫓아버리는 관계, 그 허무함을 알았을 때는 너무 늦었다.

건너편 의자에서 지칠 줄 모르게 서로 안고 입을 맞대고 있는 젊은 남녀를 본다. 인간의 사랑이란 어디까지가 진실일까. 나보다 너를 더 사랑한다는 것이 정말 있긴 한 걸까. 너를 위해 죽어도 좋다는 마음은 드라마 속에서만 가능한 것인지도 모른다. 얼굴이 잘 알려진 유명인들 중에도 죽음까지도 함께하겠다고 하다가 그 말의 여운이 사라지기도 전에 서로 원수가 되어 헤어지는 것을 본다. 인간의 내면은 모두 외롭기에 상대가 더 나를 사랑할거라는 착각 속에 살다가 그 환상이 깨어지는 날 남남으로 돌아선다. 여자도 한때는 자신의 사랑은 영원할거라 믿었다. 하지만 그런 순간은 목련꽃이 피었다 떨어져 버리듯 짧았다.

여자의 가슴속에는 이제 아무것도 남은 것이 없다. 평생이라고 해야 할 시간을 애증의 독기로 무장하고 버티어온 대상이 갑자기 사라져 버렸을 때의 그 허탈감, 팽팽하게 부푼 풍선이 바람이 빠졌을 때의 쭈글거림, 두 여자는 이제 영락없이 바람 빠진 풍선 꼴이 되었다. 돌아보면 한세상 사는 그 별것 아닌 것을 사랑에 울고, 돈을 찾아 옆눈 한 번 뜨지 않고 흘려보냈다. 분노로 혹은 슬픔으로 채웠던 시간들, 인간의 길에는 그런 것 말고도 다른 많은 소중한 것들이 존재한다는 사실을 너무 뒤늦게 깨달았으니.

삶이란 신이 벌여놓은 마당놀이에 멋모르고 올라타서 숨 가쁘게 뛰고 쫓기다 슬며시 사라지는 것. 두 여자의 머리 위로 꽃비가 선물처럼 쏟아져 내린다.

내 눈 속의 용

한때 용꿈 한 번 꾸어보기를 소원했다. 용은 상상의 동물이지만 상서로운 징조로 여겨지기에 꿈에서나마 용을 한 번 만나보고 싶었다. 옛 선인들의 전기에도 그 어머니가 비범한 인물을 낳을 때는 황용을 보거나 기둥에 감겨있는 청룡을 본다고 한다. 그런 꿈을 꾸고 태어난 아이는 장차 큰 인물이 될 것이라는 기대를 안고 정성 들여 키운다. 또 실제로 용꿈을 꾸고 태어났다는 조선시대의 왕과 대신들의 이야기도 많이 들었다. 그러기에 나도 아이를 낳을 때 혹시 꿈에 용을 만나려나 하는 기대를 저버리지 않았다.

그렇게 꿈속에서라도 한 번 만나보기를 소원했던 용이 대낮에 그것도 내 눈 속에 갑자기 나타났다. 처음 그것과 만났을 때는 비행기 속에서였다. 솜뭉치 같은 구름밭을 보며 뛰어내려 훨훨 날아다니는 상상을 하는데 순간 무언가 눈앞을 획 나는 것이 보인다. 무식하면 용감하다고 처음에는 그것이 무엇인지 의심하는 일조차 잊고 신기해하며 들여다보았다. 누가 보면 이상하다고 할 정도로 말을 잊고 내 눈 속만 들여다보는데 희한하게도 그것은 까만 눈과 수염과 사슴의 뿔 같은 것도 있고 뱀 같이 긴 꼬리도 가졌다. 그 앞에 여의주 모양의 동그란 모양까지, 절집 천장에서 보았던 용의 형상과 너무나 닮았다.

눈을 감거나 떠도 보이는 현상이 이상하려니와 내 눈길 따라 신나게 날아 움직이기도 한다. 하늘을 바라보면 그도 하늘을 날아다니고 세수를 하려고 물을 받으면 먼저 내려가 물속을 헤엄치고 다닌다. 곱게 물든 은행나무를 바라보니 용은 나뭇가지 위에 올라타고 춤을 춘다.

매사에 느려터진 성격이라 그렇게 근 한 달을 보내고서야 이것이 무엇일까 하는 의심이 들었다. 신문을 보거나 책을 읽을 때 동공을 가로질러 무척 불편하다는 것을 알았고 큰 병이 아닐까 걱정도 되었다. 며칠을 벼르다 1차 진료기관인 동네의 안과에 갔다. 시력검사와 안압검사 및 몇 가지인가의 검사를 한 의사의 대답은 의외로 간단하다. 대개의 의사 선생님들이 그렇듯 전과 후의 모든 단어를 빼고 "신경정신과에 한 번 가보시죠"라고 짧게 말한다. 농담 삼아 눈 속에 용이 훨훨 날아다닌다고 하였더니 아마 약간 돌아버린 여자로 본 것이 분명하다.

평소 참는 것에는 자신 있는데 날이 갈수록 견디기가 힘들다. 일상생활에 지장이 있을 정도로 신경이 예민해지고 덩달아 어지럼증까지 생겼다. 나는 드디어 3차 의료기관인 종합병원으로 진출했다. 예약부터 시작해 의사에게 눈을 한 번 보이기까지 그렇게 많은 절차와 검사와 시간이 필요한지도 그때 알았다. 몇 개월을 기다려 겨우 내 차례가 왔는데 의자에 앉아서 또 하염없이 기다린다. 안구 확장제(산동이라고 함)는 가는 곳마다 넣어서 아픈 눈이 더 아팠고 몇 촉인지도 모르는 강한 불빛을 정면으로 또 옆으로 정확하게 바라보지 못한다고 아들 같은 젊은이에게 꾸중도 들었다. 온갖 검사를 거치고 전문의 앞에 앉을 때쯤에는 심신이 다 지쳤다. 그때서야 내 눈에 떠다니는 용의 형상은 결코 상서로운 징조가 아니라는 것을 직감했다.

그나마 다행인 것은 종합병원 의사는 내 정신이 이상하지 않다는 것을 증명해 주었다. 슬쩍 훔쳐본 눈 모양의 차트에는 긴 막대 같은 줄이 안구를 가로질러 그려져 있고 병명을 무엇이라 적었나보니 비문증, 또는(수정체 혼탁으로 인한 망막손상)이라고 써 놓았다. 그것은 망막 속에 생기는 병으로 보통은 파리나 모기정도로 작게 보이는데 내 눈 속의 그것은 무척 커서 불편 하겠다는 동정의 말도 해주었다. 책을 읽으면 안 되고 컴퓨터도 안 되고 신경을 쓰면 안 된다. 상태가 악화되면 눈에 불빛이 번쩍이기도 하고 세상이 반쪽만 보일 수도 있다. 그렇게 되면 수술을 해야 하는데 실명할 확률이 높다. 현대의학이 아무리 발달해도 그 병은 고치기 어렵다는 말이 내가 들은 전부다. 나는 인공 눈물을 받아들고 병원을 나왔다.

저물녘 거리에는 마지막 잎새를 털어내는 비가 추적추적 내린다. 발밑에 축축하게 젖어 누워있는 은행잎들은 자동차의 어지러운 불빛따라 추상화가 되어 마지막 존재의 의미를 표현한다. 그 사이로 바람이 달려와 내 몸을 휘감는다. 으스스 한기가 들어 몸을 오그린다. 새삼스럽게 바람 빠진 풍선같이 쭈글거릴 남아있는 내 날들이 선명히 그려진다.

늘 느끼는 것인데 살아오며 무엇 한 가지 수월하게 그냥 얻어지는 것은 없었다. 어릴 적 소풍을 가서도 다른 아이들이 잘도 찾아내던 보물찾기 종이 한 번을 찾지 못했고 또 뽑기 사탕도 뽑아 본 적이 없다. 무언가 어려운 일이 생기면 혹독한 대가를 치르고서야 겨우 생의 한 모퉁이를 돌아간다. 그런 내가 가당찮게 용꿈 꾸어보기를 그렇게 소원하였으니. 아파 보아야 건강했던 시간들이 얼마나 고마웠는지 알게 되고 괴로움을 겪고 나서야 일상을 꽉 채우고도 남았던 번뇌조차 쓸데없음을 알게 된다. 병원 순례를 하다 보니 각양각색의 병을 앓고 고통을 호소하는 사람이 너무 많다. 더구나 당뇨합병증으로 실명 직전의 안타까운 이도 많고 세상이 흐려 보이고 반쪽만 보이는 사람도 있다. 그 속에서 내 병은 축에도 끼지 못한다는 것도 알았다.

지금은 검은 실이 눈의 반을 가렸다. 이제야 건강했던 눈을 가졌던 시간이 얼마나 행복했나를 알게 된다. 늘 걱정 속에서 산다고 생각했는데 그 모든 것들이 쓸데없는 헛걱정이었다는 것도 요즘 깨달은 것 중의 하나다. 눈은 마음의 창이라 하는데 그동안 마음이 얼마나 탁했으면 눈 속이 검은 실로 가득 차게 되었을까.

스님의 법문 중에 몸에 병이 생기는 것을 원망하지 말라고 하였다. 그것을 교훈삼아 자칫 잃기 쉬운 겸손을 깨우고 이 순간 병고에 시달리는 사람을 생각하는 거울로 삼으라고 한다. 또 병을 친구 삼아 감싸 안으라 하였다. 한세상 사는 일이 고통의 연속이라 해도 생의 가운데에서 존재하는 순간만이 진실이다. 늘 불만을 얼굴에 매달고 다녔는데 내 눈 속에 나타난 작은 용 한 마리가 많은 것을 생각하게 한다. 이제 그 형상은 좋든 싫든 남은 내 시간과 함께해야 한다. 오늘도 같이 놀자고 시야를 가리는 눈 속의 용을 바라보며 이제라도 무슨 행운이 오려나 하는 기대를 버리지 않는다.

눈물 세 방울

드라마를 그렇게 열심히 보기는 처음이다. 「49일」이라는 제목인데 내용은 대강 이렇다. 부모가 부자인 아가씨가 어느 날 불의의 교통사고를 당한다. 여자는 산 것도 아니고 죽은 것도 아닌 뇌사상태의 식물인간이 되는데 그 순간 몸에서 튀어나온 영혼은 영문도 모른 채 이곳저곳 떠돌아다닌다. 저승사자가 찾아와 영혼인 그녀에게 어떤 룰을 제시하는데 다른 차원에서는 그들을 49일 여행자라 부른다.

불교에서는 그때를 긴 여행을 떠날 준비 중이라 여겨 마치 옆에 있는 듯 경을 읽어주고 음식을 올린다. 떠도는 영혼에게 길을 열어주고 이승의 모든 것을 잊고 잘 가라는 의미가 담겨 있다. 또 가족이나 친구는 그 기간 동안 가신 이의 생애를 추억하며 좋은 곳으로 갈 것을 기도한다. 아마 그것을 모티브로 한 드라마인 것 같은데 그 49일 동안 가족을 뺀 친구나 지인에게서 눈물 세 방울을 얻으면 이승으로 돌아올 수 있다는 그런 설정이다.

지켜야 할 조건은 그녀를 진정으로 사랑한 이웃이나 친구의 눈물이 있어야 한다. 처음 영혼은 자신을 사랑하는 약혼자와 친구를 믿고 눈물 구하는 것을 어렵지 않게 생각한다. 남의 몸에 빙의 되어 울어 줄 사람을 찾아다니다 생전에는 몰랐던 여러 사실을 알게 된다. 굳게 믿었던 약혼자와 그녀의 친구는 비밀 연인관계였고 설상가상 약혼중인 남자는 아버지의 재산을 노리고 의도적으로 접근했다는 것을 알게 된다. 남자는 재산을 가로채기 위해 온갖 음모를 꾸미고 믿었던 친구들은 뒷담화만 늘어놓을 뿐 진심을 담아 울어주지 않는다. 시간은 흐르고 눈물 세 방울을 얻지 못하면 이승으로 돌아오지 못하는 것도 큰일이지만 부모님께 닥칠 재앙이 더 걱정이다.

그 드라마가 영혼이 있다, 없다를 말하는 것은 아니라 생각한다. 열 길 물속은 알아도 한 길 사람살이의 속을 모르고 내일을 알 수 없는 우리의 한계를 말한다. 또 지금 겪고 있는 고통은 모두 인연의 끈으로 이루어져 세상사 흉과 길이 자신이 지은 바대로 받는, 우연이 아님을 표현한다. 영문도 모르고 빙의 되어 미친 여자로 오인되었던 주인공은 잃어버린 언니로 밝혀지고 그녀를 배신했던 친구 역시 처음부터 악인들은 아니었다. 알게 모르게 쌓인 감정의 골로 서로 상처를 주고받다 일어난 사건들이다. 나름대로 착하게 살았다 자부심을 가진다 해도 살다보면 누군가에게 상처받고 줄 수밖에 없다. 얻고, 잃고, 가진 것을 빼앗기지 않으려니 더러는 죄를 짓고 지워지지 않는 상처도 만든다. 주인공 그녀도 온갖 노력으로 용케 눈물 세 방울을 얻어 이승으로 돌아왔지만 기쁨은 잠시 결국 다시 떠난다는 반전이 있다. 그녀가 받아 나온 이승의 시간이 이미 다했기 때문이다.

눈물의 의미를 생각해 본다. 나 역시 직계가족을 빼고 진정으로 울어줄 사람을 찾는다면 어떨까. 물론 자신이 없다. 눈물은 억지로 흘리지 못한다. 인간 심성 가장 깊은 곳에 감동과 슬픔이 복받칠 때라야 흘러나온다. 더러는 순수를 잃은 노랗고 빨간 눈물이 있을 수 있지만 순도 100%의 눈물은 그 만큼 더 얻기 어렵다. 가없는 추억이 산처럼 쌓인 관계만이 그를 생각하며 순수한 눈물을 흘릴 수 있다. 그것은 인간 심성 가장 깊은 샘에서 솟아나는 마음의 정화수이기 때문이다.

태양 아래 영원한 것은 없다. 떠나는데 순서가 있는 것도 아니니 지금 이 순간도 도처에는 인간들의 슬픔이 가득하다. 주어진 삶도 길을 잃고 갈팡질팡한다. 삶이 무엇이라는 것을 겨우 깨닫게 되면 떠나야한다. 어느덧 남편의 친구들도 하나둘 떠나고 내 옆의 친구도 떠났다. 때로는 슬픔이 복받쳐 많이 울 때도 있고 덤덤히 앉아있다 돌아올 때도 있다. 천수를 다하고 떠나가신 분에게는 좋은 곳으로 가실 것을 기도한다. 하지만 젊은 엄마나 아이가 잘못 되었을 때는 그렇게 빨리 데려가는 신의 뜻은 무엇일까 생각한다. 재작년 오빠가 돌아가셨을 때 우리 옆 화장장에서 할머니와 아이가 울고 있었다. 할머니의 넋두리로 보아 아마 젊은 아들이 갑자기 죽은 것 같은데 그 울음소리가 너무 구슬퍼 애간장이 녹는 듯했다. 떠난 사람과 나와는 일면식이 없지만 울음소리에 동화되어 같이 울었다. 내 슬픔을 보태 울다보니 할머니와 내가 끌어안고 함께 울고 있었다. 갑작스런 오토바이 사고로 노모와 아이들을 남긴 채 떠나는 젊은이의 혼령은 발길이 얼마나 무거울까. 만약 영혼의 세계가 정말 있다면 어떻게든 눈물 세 방울을 얻어 돌아오고 싶지 않을까.

그럴 때 신의 의중은 무엇인지 묻고 싶지만 해답은 어디에도 없다. 순서대로 왔다 떠나는 법칙은 이 지구별에는 없기 때문이다. 한세상 살고 나니 그 모두가 한바탕 꿈이라는 옛사람의 말이 이해된다. 하지만 나는 어젯밤에도 밤새도록 아이 둘을 안고 업고 벼랑을 기어오르는 꿈을 꾸었다. 그 순간을 진실이라 믿고 힘들고 절박했는데 깨고 나니 허무하다. 언제쯤이면 이 모든 것들이 허상이라는 것을 깨달아 끌려 다니지 않을지 해답을 모르겠다.

어느덧 푸른 별에서의 내 여행도 끝자락에 와있다. 죽음 뒤에 육신이 나비처럼 부활하는지 궁금하지만 이편의 세계도 알지 못하는데 저편을 어찌 알까. 돌아보면 사람과 자연에 빚만 잔뜩 지고 부질없는 일에 가슴 졸이며 울고 웃었다. 착하게 살지도 못하고,

하고 싶고 가고 싶은 일도 마음껏 못해 보고 무심하게 시간만 흘려버렸다. 다음에는 어느 별 어느 정거장에서 어떤 그림자로 기웃거리고 있을지 모르지만 그 모든 것이 꿈이라는 것만 잊지 않았으면 좋겠다. 나야 눈물방울을 구할 일이 없으니 남은 시간은 강물 흘러가는 소리만 듣고 싶다.

돈 벌기 쉽다

퇴근하여 집에 온 남편이 우리도 이제 이북 땅을 한 번 밟아 보자고 한다. 웬만한 사람 다 다녀왔다는 금강산도 아직 못 가 보았으니 마침 좋은 기회라고 하였다. 그동안 몇 번인가 그쪽 관광이야기를 하긴 했지만 선뜻 마음을 내지 못했다. 가족을 두고 온 실향민도 아니라서 바쁜 사람들 먼저 가고 육로가 뚫리면 그때 가자고 합의해 두었다. 이번에 가는 곳은 평양이라는데 아리랑 축전인가를 관람한다고 하였다. 친구 부부와 같이 가기로 약속되었으니 속히 서류를 준비하여 보내 주라며 다그치기까지 한다.

마침 시절도 10월 중순 좋을 때고 어디든 가서 단풍을 실컷 보고 싶기도 했다. 또 남북한을 연결한 도로도 잘 닦아 놓았다니 스쳐가는 길목에라도 동족의 삶을 들여다 볼 수 있을까 싶었다. 그 다음날로 서류를 준비하는데 그것이 여간 까다롭지가 않다. 부부의 시시콜콜한 신상은 물론이고 남편 형제자매와 내 친정 쪽 이력까지 모두 적어내야 한다. 집집마다 전화를 걸어 주소와 생년월일을 묻자니 미안하기도 하고 짜증도 났지만 시간이 촉박하고 또 그쪽이 까다로운 곳이란 것을 알기에 원하는 서류를 모두 준비해 보내주었다.

그 다음다음 날인가 여행일정표가 왔는데 그만 너무 놀라서 입을 다물지 못했다. 인력과 돈을 들여 닦아놓았다는 새 도로는 어떻게 하고 인천공항에서 비행기로 떠난다고 되어있다. 평양 순안공항에 내려 저녁에 아리랑 축전을 관람하는 간단한 일정인데 1박 2일에 경비가 일인당 100만원이 넘는다는 것이다. 나는 처음에 두 사람을 합친 금액을 잘못 읽었나 싶어 눈을 의심하여 손 돋보기까지 동원하였다. 동남아 5박 6일을 관광하는데도 5, 60만원이면 가는데 내나라 땅을 그것도 마스게임 하나를 보려 그런 엄청난 돈을 내야 한다니.

김일성 동상에 참배를 한다고 되어있는 부분도 이해가 안가는 대목이지만 그거야 눈 딱 감고 딴 생각을 좀하고 있으면 그만이다. 생각해보니 마음과 눈에 안대를 채우고 오로지 축전만 관람하고 가라는 그런 의미인가 싶다. 그제야 부랴부랴 여행사에 전화를 걸어 그런 조건으로는 못 가겠으니 서류를 되돌려 달라고 하였다. 하지만 여행사 직원은 오히려 나를 유별나다고 힐책하며 축전구경을 가겠다고 대기상태로 기다리는 사람이 많다고 한다. 서류는 돌려줄 수 없고 약속을 위반했으니 오히려 위약금을 물어야 한단다.

물론 처음 잘못은 우리 쪽이 했다. 친구가 같이 가자고 하고 또 날짜가 촉박하다니까 자세히 알아보지도 않고 서류를 보낸 잘못은 분명 있다. 하지만 많은 사람이 서로 가려고 줄을 선다는 대목은 좀 걱정스럽다. 우리가 언제부터 그렇게 잘사는 나라였던가. 경제는 바닥을 친 지 오래고 청년실업은 거리에 넘쳐난다. 아기들은 태어나는 순간 영문도 모른 채 빚을 500여만 원씩 지고 있다지 않는가. 젊은이들이 아이 낳기를 회피하여 인구는 날로 줄어드는데 북으로 가는 돈과 물자와 관광객은 줄을 서서 대기 중이라니.

서류를 만든다고 이틀을 뛰어다닌 것도 억울하고 노파심인지 여러 가지 염려가 한꺼번에 밀려온다. 요즈음은 마치 해방 직후로 되돌아간 느낌이 들 때가 많다. 보수다 진보다 하는 말을 갑자기 많이 하는 것도 이상하지만 색깔론 운운 할 때는 어지럽기까지 하다. 새로운 기술을 개발하고 세계를 향해서 나가야할 이 시점에서 친일이니 빨갱이니 하는 말이 우리의 주 메뉴로 떠올라 누구는 징벌하고 누구는 표창해야 한다니. 혹자는 통일로 가는 길목에서 반드시 치러야 하는 과정이라 말하지만 정치만 있고 인권은 없는 북에 대해서는 왜 모두 침묵하는지 그것을 묻고 싶다.

지나간 옛일을 별로 생각하고 싶지 않지만 굳이 따지자면 나는 도시근로자의 후예이고 남편은 빈농의 아들이다. 하루끼니를 걱정하고 고학으로 공부를 하면서도 내가 가난한 것이 누구 탓이라는 생각은 해 본 적이 없다. 그 유명한 사라호 태풍 때 살던 판잣집이 떠내려가도 국가가 도와주지 않는다고 투정 부릴 줄도 몰랐다.

친정아버지는 늘 이런 말씀을 하셨다.

"부자로 잘사는 사람을 미워하거나 원망해서는 안된다. 그들은 그들 나름대로 그만한 노력과 또 원인과 결과가 있었기 때문에 잘사는 것이다. 민주주의가 좋은 것은 누구에게나 균등한 기회가 주어진다는 점이다. 자유체제를 수호하는 시민이 된 것 그것 하나만이라도 감사해야 한다. 몸과 정신의 자유를 잃지 않고 노력하는 삶을 사는 것이 가장 소중하다고 항상 말했다.

고향을 그리워하는 사람에게 고향 냄새를 맡게 하고 그 돈으로 가난한 동족을 도울 수 있다면 좋은 일이다. 그래서 음으로 양으로 지원을 아끼지 않았지만 아직도 그들의 인권이 회복되었다는 말을 들은 적이 없다. 언제인가 북한 처녀들이 우리나라에 왔을 때 일이 생각난다. 김정일 사진이 비에 젖는다고 달리던 차에서 뛰어내려 아우성치며 울던 그들을 보며 사상교육이라는 것이 무섭다는 생각을 했다. 싱싱한 젊음과 아름다운 얼굴을 하고 교주를 모시는 광신도가 되어버린 그들을 어떻게 해야 할지 안타까울 뿐이다. 또 열 길 물속은 알아도 한 길 사람 속은 모른다고 그렇게 간 돈이 우리를 해치는 무기로 변하지 말란 법이 없다.

어느 날 TV에 아리랑 축전에 참석한 사람들이 인터뷰하는 장면이 보였다. 어마어마한 대규모의 큰 공연을 보고 난 다음이라 그런지 무척 흥분된 상태로 즐겁고 좋은 시간이었다고 하는 사람도 있고 더러는 좀 황당한 얼굴로 다른 말을 하고 있는 사람도 있다. 똑 같은 것을 보아도 서로 다르게 느끼고 해석하는 것 그것이 바로 인간의 참 모습으로 소중히 지켜야할 재산이다.

남편은 TV에 스쳐가는 그림을 보며 못 가본 곳에 대한 미련이 남은 듯 아쉬운 표정을 하고 있다.

나는 이때를 놓치지 않고 그사이 우리가 얻은 이익에 대해 자못 자랑을 섞어 설명한다.

"당신 요 며칠 사이에 돈 많이 아낀 것 알지요. 무려 220만을 가만히 앉아서 벌었어요. 그 돈으로 내일 이천에 가서 온천을 하고 쌀밥정식 한 그릇 사 먹읍시다. 차에 기름도 가득 넣고 분위기 좋은 카페에서 차 한 잔 마셔도 200만원은 남았네, 돈 벌기 참 쉽다.

우리 역시 그와 같기에

산책을 하다 집으로 돌아가기 위해 건널목 앞에 서 있다. 차들이 줄줄이 달려와 신호등이 바뀌기를 기다린다. 시골도로라 한적하여 하늘 한 번 올려다보고 무심히 길 건너를 보니 무슨 긴 새끼줄 같은 것이 보인다. 눈의 조리개를 높여 자세히 보니 뱀 한 마리가 고개를 쳐들고 멈추어 있다.

순간 몸이 얼어붙는 것 같다. 꿈속에서라도 보고 싶지 않은 것이 뱀이다. 왜인지는 모르지만 지구상의 수많은 생물체 중에 가장 싫어한다. 조물주는 왜 그것을 만들어 인간 가까이 두었는지 원망의 마음도 있다. 생활에서는 물론이고 화면에라도 그것이 보이면 황급히 고개를 돌린다. 혹시 그림으로라도 뱀을 본 날은 꿈속에까지 나타나 놀라서 깨곤 한다. 동물의 새끼들은 다 예쁜데 그것만은 새끼도 예쁘지 않고 징그럽기만 하다. 오죽하면 창조 신화에 하와를 꼬드겨서 금기의 과일을 먹게 하여 인간을 지상낙원에서 쫓겨나게 만든 원흉으로 묘사되었을까.

어쨌든 위기다. 가장 싫고 두려운 상대가 길 건너편에 있으니 발에 본드가 붙은 듯 꼼짝 할 수가 없다. 어떻게 피해야 할지, 생각은 나지 않는데 그것이 나에게로 달려들 것만 같다. 그 순간 신호등이 바뀌고 달리는 차들이 멈춘다. 그러자 뱀은 고개를 돌려 좌우로 살피고는 기다렸다는 듯 대가리를 약간 쳐들고 꼬리를 바삐 흔들며 길 건너 아트막한 산속으로 사라진다. 순간에 일어난 일, 긴장이 풀리며 멍하니 그가 사라진 산길을 바라본다. 명색이 사람인데 그 조그만 것이 무서워 얼어버린 것도 가소롭고 한편 위기를 피했다는 안도감도 든다. 생각해보니 사람이 다니는 건널목을 선택한 것도 신기하고, 설 때와 갈 때를 안다는 것이 새삼스럽게 달라 보인다. 고개를 바짝 들고 좌우를 살피는 모습이 평소 생각했던 막무가내 미물은 아닌 것 같다.

먹이사슬에 문제가 생긴다며 개구리와 뱀을 잡지 못하게 했을 때도 개구리는 보호해야 한다고 하면서 마음속으로는 이 세상의 뱀은 땅꾼들이 몽땅 다 잡아갔으면 싶었다. 나는 그들을 먹지 않지만 누군가 그것들을 다 먹어버리고 아예 없어졌으면 했다. 피해를 입은 적도 없는데 왜 그렇게 싫어하는지 생각해보면 생김새 때문인 것 같다. 흉한 모습으로 태어나 가장 낮은 땅을 기어 다니는 그들. 지옥이 있다면 그런 곳이 아닐까 싶다. 생각하면 생김새가 흉하다는 이유로 괄시받고 소외받는 것이 어디 그것뿐이랴. 우리는 눈의 유혹에 약하다. TV에 잘생긴 젊은이가 나오면 단지 그가 잘생기고 예쁘다는 그 한가지로 열광하며 인기인이 된다. 그러기에 목숨을 걸고 성형 수술을 하고 피나는 운동으로 몸매를 다듬는다. 그 노력은 모두에게 사랑받고 싶은 몸부림이다. 나도 젊었을 적에는 외모 때문에 풀죽은 적이 많았다. 키도 작고 머리숱도 적고 다리는 짧고 왜 이렇게 생겼나 원망하는 마음도 있었다. 이제 한세상을 거의 다 살고 나니 부질없는 근심이었다. 눈이 있어 볼 수 있고 비록 짧지만 건강한 다리가 있으니 그것으로 족하다.

뱀에 대해 잘 아는 사람의 말을 들어보니 그들도 우리와 부딪히는 것을 싫어한다고 한다. 배가 고플 때 먹이를 사냥하는 것은 당연하고 사람이 잘못 만지거나 밟았을 때 물리거나 큰 피해를 입는다. 단지 그들과 우리가 사는 세상이 다를 뿐 생명 값에 무슨 차이가 있으랴. 생각하면 좋아하고 미워하는 것은 마음이라는 것이 만드는 요술이다. 개는 결코 '나는 개다'라고 말한 적이 없고 뱀 또한 스스로 뱀이라고 말하지 않았다. 우리가 이름을 그렇게 지어놓고 닭과 고양이를 만들고, 나무와, 달과 별을 만들고 싫다 좋다 분별한다. 삶은 누구에게나 놀라움이고 신비다. 인간만이 주인공이 아니고 새와 꽃과 나무와 동물들도 모두 우주와 한 몸이고 주인공이다.

그렇게 바삐 건너는 것을 보면 그도 길 건너 산으로 빨리 돌아가야 할 일이 있는지 모른다. 내가 산책을 서둘러 끝내고 집으로 돌아가 가족들 저녁밥을 챙겨주어야 하는 것같이 어쩌면 그것도 그 길을 건너야할 절박한 이유가 있을 것이다. 사람의 눈을 피해 사는 동물들이 위험을 무릅쓰고 돌아다니는 것은 먹이를 찾기 위함이다. 언제 누구의 덫으로 죽을지 일초 후를 모르면서 그래도 새끼를 키우고 먹기 위해 위험을 감수한다. 운전을 하다보면 길을 건너다 죽은 동물들의 시체를 많이 본다. 그들도 그 길을 건너다녀야 할 급한 일이 있을 것인데 우리는 산과 산을 가로질러 길을 내고 그들이 다니는 통로를 막는다. 또 요소요소 마다 덫을 놓아 온갖 동물을 무차별 잡아들인다. 새끼에게 줄 먹이를 물고가다 갑자기 죽음을 맞이한다면 얼마나 한스럽고 안타까울까. 인간에게만 생활이 있는 것이 아닌데 우리는 그들을 배려하지 않는다. 요즘 더욱 산에서 나는 모든 것을 사람들이 다 가져온다. 도토리며 각종 나물 뿌리 하나 남겨두지 않고 무엇이 몸에 좋다는 이유를 대며 산의 생명이 먹어야할 양식을 뺏어온다. 그 한 부분에 동조를 하며 지금까지 살아왔기에 미안한 마음을 담아 이 글을 쓰는지 모르겠다.

60평생 가지고 있었던 뱀에 대한 안 좋은 느낌은 건널목을 건너는 한 마리의 뱀으로 인해 달라졌다. 그들도 내일을 모른 채 순간을 살아야 하는 서럽고 약한 생명일 뿐이라는 것과, 우리 역시 그와 다르지 않기에.

마음의 여행

올여름은 유난히 덥고 걱정도 많았다. 하루하루를 안간힘으로 버티는데 마침 강원도에 있는 어느 수련원에 한 번 가보라는 스님의 소개를 받았다. 그곳은 더위도 덜하고 명상수련을 하는 곳이니 의미도 있을 거라 한다. 생의 60년 고개를 훌쩍 넘어섰으니 자신의 내면을 들여다보는 시간도 필요하겠다싶어 떠나기로 마음먹었다. 주부로서 40여 년, 근 보름 동안 집을 떠나는 것은 쉽지 않은 일이다. 누가 뭐라 하지 않아도 가족이라는 테두리를 벗어나서는 안 된다고 생각했다. 무엇보다 매일 반복되는 자잘한 일상과 남편과 막내의 식사와 입성(옷)이 걱정이다. 그래도 명상이란 어떤 것일까 늘 궁금했다. 눈을 감고 있으면 몸이 편안해지고 살면서 상처받았던 갖가지의 고통이 치유된다니, 스님이나 법사들이 경험한다는 그런 묘한 세계를 꼭 한 번 느껴보고 싶었다.

마침내 모든 것을 뒤로한 채 강원도로 향했다. 그곳에는 이미 15여 명의 사람들이 모여 있었다. 나처럼 처음인 사람도 있고 더러는 몇 번씩 명상을 해본 경험자도 있다. 수련은 첫날부터 강행군이다. 아무것도 모르는 사람을 면벽을 하게 하고 눈을 감고 앉아있으란다. 들숨과 날숨을 바라보라지만 잡념만 바삐 날아다닐 뿐 몸은 저리고 쑤신다. 며칠을 그렇게 보내고 나니 그것 역시 어렵고 역부족이라는 생각이 든다. 그나마 다행인 것은 스님과 법사님의 강의가 유익하여 들을 만하다. 지금껏 몰랐던 우주와 나의 상관관계를 알게 되고 인간내면의 심리에 대한 해석을 새롭게 해준다.

명상이란 바깥으로 향해 있던 마음을 내면으로 모으고 지금까지의 내 삶을 살피는 그런 시간이다. 지금 처한 현실을 한 발짝 물러서서 가만히 바라보는 마음, 그러면 괴롭다고 생각한 일들이 하찮게 느껴지고 나날이 감사하다는 것을 알게 된다. 태양은 늘 거기서 빤짝이지만 구름이 가려 보이지 않는 것같이 마음도 한 생각만 벗어나면 청청한 본래의 모습이 그곳에 있다. 명상수련이란 살면서 부족하다고 느끼는 것을 지족으로 가득 채우는 생각의 전환이다.

처음 며칠 동안은 앉아있기도 힘들더니 어느 순간 가끔씩은 무심하게 되어 언제 시간이 지났는지 모르겠다. 한 10분인가 싶으면 한 시간이 훌쩍 흘렀다. 무엇을 잘하고 잘못했는지 떠올리고 오래 묵혀둔 가슴속의 응어리들을 들여다본다. 애써 보려하지 않아도 무언가 눈앞에서 펄럭거리다 사라지기를 반복하고 지나간 시간들이 활동사진처럼 떠올랐다 흘러간다. 그리고 친정 부모님과 아이들에게 참으로 부족한 것이 많았다는 것을 문득 깨달아 눈물이 나기도 한다.

같이 수련하는 사람 중에는 목에서 돌무더기가 줄줄이 나온다 하기도 하고 내 옆의 젊은 남자는 가슴에 볼링공이 걸렸다고 헛구역질을 하며 뒹굴기도 한다. 어떻게 보면 이상한 종교집단으로 오해받기에 충분한 그런 모습들이지만 마침내 나에게도 알 수 없는 그림이 눈앞에 보인다.

눈을 감고 들숨과 날숨을 느끼며 내 몸의 한곳을 오랫동안 바라본다. 어느 순간 그 몸에 점점 살들이 사라지고 앙상한 뼈가 보인다. 차차로 척추와 그 주변의 뼈도 드러나고 가늘어져서 마침내 뼈에 곰팡이가 슬기 시작한다. 어느 순간 손가락같이 가늘어진 뼈가 가루로 변해 날리고 마침내 해골로 변한 머리뼈가 툭하고 아래로 떨어진다. 너무 놀라 화들짝 눈을 떠니 많은 시간이 흘렀다. 그것은 분명 생각이 아니었다. 눈 바로 위에서 영화의 화면이 아주 느리게 변해가는 과정 같다. 평소 허리가 아파 앉아있기 힘들었는데 언제부터인가 통증도 사라졌다. 눈은 감고 있었고 마음은 편안했는데 영상으로 보이는 그것은 무엇일까. 그 뒤로도 필설로서 말할 수 없는 이상한 그림 같은 것들을 많이 보았다. 심지어는 내가 조그마한 노인으로 변해 하얗게 센 머리로 여러 하늘을 훨훨 날아다니다 마침내 사라져 버렸다. 왜 그런 현상이 생기는지 알 수 없지만 끝나고 나니 그동안 여러 가지 걱정으로 편치 않았던 마음이 마치 전생의 일인 듯 아득하다.

명상이란 자신의 내면을 들여다봄으로써 과거에 쌓였던 미망, 그로부터 자유로워지는 길이라 한다. 사람은 태어나서 죽을 때까지 무언가에 쫓기듯 세상을 산다. 돈, 명예, 건강, 학벌, 가족, 이런 것을 유지하고 이루기 위해 뛰어다닌다. 그렇지만 내일이 삶의 마지막 날이라면 가져갈 것이 무엇일까. 대부분의 사람들은 집착과 번뇌에 끌려 다니다 진정한 자신의 모습을 찾지 못한 채 떠난다. 나 역시 내게 와있는 모든 것, 내 몸과 재산과 자식 그것이 전부라 생각하고 잃을까 잘못될까 노심초사했다.

지금 이순간도 고통의 바다에서 허우적거리며 살고 있는 사람들이 많다. 어려운 상황에 처해 있다면 어떤 식으로든 자신이 짓고 받는 인과 연의 법칙이라 생각하면 그나마 좀 편해진다. 천주교에서 말하는 모든 것이 내 탓이라는 가르침은 언제 들어도 큰 진리다. 내 탓인데 누구를 원망하며 미워할 수 있을까. 모든 것을 받아들이고 괴로움을 행복으로 바꾸는 마음을 배워야 한다. 또 없는 것에 대한 불만을 버리고 지금 가지고 있는 것을 계산해본다. 그러면 넘치도록 많은 축복을 받고 있음을 알게 된다. 어제는 이미 지나갔고 내일은 아직 오지 않았다. 그러기에 아무것도 걱정할 필요가 없다. 애쓰지 않아도 모든 행, 불행은 왔다가 곧 지나간다. 짧은 수련에 그 모든 것을 다 알 수는 없지만 죽음 또한 삶의 한 과정이라는 것도 이제는 알 것 같다.

하늘빛과 바람은 달라진 것이 없는데 돌아오는 내 마음은 새털처럼 가볍다. 집은 떠날 그때와 변한 것이 없었다. 가구도 놓였던 그 자리에 있고 '내 밥은, 내 옷은',이라는 말을 달고 사는 두 남자도 헐벗지 않고 굶지 않았다. 보름 동안 전화 한 번 하지 않았지만 세상은 내가 없어도 잘 돌아가고 있다. 어느 누군들 오늘 있다 내일 사라져도 세상은 변함없다는 것을 확인한 셈이다. 이제 오늘의 일상을 담담히 받아들이겠다.

금붕어 두 마리

시장통을 얼쩡거리다 오지 함지박 하나를 샀다. 두 팔로 안으면 될 만한 크기에 바깥쪽에는 손가락으로 그은 듯한 구름무늬가 새겨져있다. 연한 갈색으로 푸근한 것이 마음에 든다. 낑낑거리며 들고 와서 거실화분 옆에 놓으니 예쁘기는 한데 무언가 좀 허전하다. 다시 나가서 인조로 만든 연잎 두 장을 사고 금붕어 두 마리를 샀다. 연잎 밑으로 생명이 노닐면 한결 생동감이 있을 것 같아서다. 파시는 분 말씀은 금붕어는 모래를 깔아주어야 그것으로 입안을 행구고 몸에 붙은 기생충도 비벼서 청소한단다. 그럴듯해서 먹이와 함께 모래를 양손 가득 들고 왔다. 평소 집안에 무언가 많이 놓아두는 것을 질색하는데 함지박 하나를 사다보니 나도 몰래 이것저것 구입하고 말았다. 크든 작든 살아 움직이는 생명을 기른다는 것이 얼마나 귀찮고 성가신 일

그렇게 내 집에 온 금붕어
도 어느새 3년여를 보내고 많
이 자랐다. 때로는 귀찮아서 혹
시 죽는다면 다시는 키우지 않
겠다는 생각을 하다가도 오물
오물 둘이 다정하게 지내는 것
을 보면 얼른 물을 갈아준다.
—금붕어 두 마리
먼저 깨어난 한 마리가
뒤집혀 있는 동료의 몸에 자
꾸 머리를 들이 받는다. 한 번
돌고 와서 이쪽을 툭 치고 또
돌고와서 저쪽을 툭 친다. 아
니면 아예 옆에 붙어 자
신의 머리로 상대의 몸을
이리저리 움직여 본다.

금붕어 두 마리

인지 그때는 알지 못했다.

우선 산소통이 없으니 물을 자주 갈아주어야 하고 먹이 주는 것을 잊으면 안 된다. 또 누가 상추를 넣어주면 건강해진다고 해서 잊지 않고 상추를 주는데 애들이 그것을 잘게 씹어 뱉어놓으니 매일 물을 갈지 않으면 지저분하다. 며칠 집을 비울 때는 이웃이나 아이들에게 물갈이와 먹이를 부탁한다. 평생 일에 매여 살아서 좀 느슨하게 되기만 바랐는데 나도 모르는 사이에 또 금붕어 엄마가 되고 말았다. 법정스님의 무소유를 보면 난초 한 분 때문에 마음 놓고 암자를 비우지 못하는 고통을 말씀하신다. 가끔 꽃을 피워 향기를 전해주기에 더우면 그늘로 옮겨주고 겨울이면 양지바른 곳에 모셔 지성을 다한다. 그러기에 길을 나섰다가도 그것의 걱정으로 서둘러 암자로 돌아온다. 고심 끝에 지인에게 정든 난초를 과감히 보내버리고서야 마음 뺏기는 일에서 자유로워졌다고 한다.

그렇게 내 집에 온 금붕어도 어느새 3년여를 보내고 많이 자랐다. 때로는 귀찮아서 혹시 죽는다면 다시는 키우지 않겠다는 생각을 하다가도 오물오물 둘이 다정하게 지내는 것을 보면 얼른 물을 갈아준다. 부레옥잠도 넣어주고 부평초도 넣어주며 네 살짜리 손자와 그것을 매개로 대화도 나누는데 어느 날 그만 일이 벌어졌다. 집에 손님이 와서 식사 준비를 하느라 잠깐 방심한 사이 손자녀석이 화분에 뿌리는 영양제를 금붕어에게 뿌리고 말았다. 아마 먹이를 준다고 한 모양인데, 저도 놀랐는지 내 손을 끌기에 가보니 벌써 금붕어가 배를 허옇게 뒤집고 누웠다. 부랴부랴 물을 전부 갈아주고 모래까지 깨끗하게 씻었지만 몸을 바로 세우지 못한다.

그렇게 하루가 지나도 일어나지 않기에 희망이 없는 것 같아 두 놈을 그만 치우려고 한 순간 갑자기 한 마리가 등을 세우고 헤엄을 친다. 힘겹게 움직이는 옆으로 한 마리는 여전히 배를 보이고 누워있다. 몸은 퉁퉁 부어 두 배로 커져있고 숨을 헐떡이는데 이상한 광경을 목격한다. 먼저 깨어난 한 마리가 뒤집혀 있는 동료의 몸에 자꾸 머리를 들이받는다. 한 번 돌고 와서 이쪽을 툭 치고 또 돌고 와서 저쪽을 툭 친다. 아니면 아예 옆에 붙어 자신의 머리로 상대의 몸을 이리저리 움직여 본다. 화초에게는 보약이지만 금붕어로 보면 히로시마 핵폭탄과도 같은 큰 환난을 만나 자신도 옆 돌아볼 겨를이 없을 텐데, 분명 빨리 일어나라는 몸짓 같다. 적잖은 시간을 똑같은 행동을 하는 것을 보며 그들에 대한 내 마음에 미안함이 인다. 작은 미물 그들에게 마음이 있을 거라고는 생각하지 못했다. 설령 본능적인 행동이라 해도 그것은 찐한 감동이다. 대개 동물은 그 순간만을 산다고 알려져 있다. 하지만 여러 검사에서 개와 고양이는 자신의 아픔과 상처를 오래 기억하는 것으로 판명되었다. 또 소는 제 집과 주인을 알고 그 주인이 죽으면 무덤가에 찾아가 눈물을 흘리는 광경을 어릴 때 여러 번 보았다.

사람은 다른 종에게 유독 가혹하다. 지난번 구제역이 발생했을 때 인간에게 해를 끼칠 수 있다는 그 하나로 수백만 마리 소, 돼지를 산 채로 땅에 묻었다. 그중에는 방금 출산한 어미와 새끼까지 있었다. 풀을 먹고 뛰어다녀야할 동물에게 사료를 주고 움직일 공간도 없이 사육하니 어쩌면 병이 오는 것은 당연하다. 인간에게 해를 끼칠 수 있다는 그 하나로 무조건 생매장을 해버리고 우리는 아무 일 없다는 듯 오늘을 살고 있다. 오로지 걱정하는 것은 땅을 더럽힐 오염수뿐이다. 그런 엄청난 상황을 아무도 책임지는 사람은 없고 죄 없는 동물들은 영문도 모른 채 죽어갔다. 자연계의 인간은 다른 종보다 우월할까. 창조주께서는 그들을 사람에게 주었다고 하지만 나는 그들을 이해하고 잘 보살펴 주라는 의미라 생각한다. 어떤 종이건 자기 앞에 와있는 생명은 소중하다. 그저 물속을 떠돈다고 생각한 손가락 하나 크기의 작은 고기도 동료가 죽지 않고 살기를 온몸으로 표현했다. 같이 공존하며 도와주는 것이 생명가진 자들의 미덕인데 정작 사람은 그것을 잃어가는 것 같다.

그 다음날 나머지 한 마리도 기적처럼 일어났다. 간절하게 살아라 염원하는 동료의 마음을 알았는지 퉁퉁 부어 겨우 움직이면서도 다정하게 먹이를 먹고 한 방향으로 유영한다. 며느리와 손자는 매일 전화를 하며 그들의 안부를 물었고 잘 견디고 있다는 말에 가슴을 쓸어내린다. 늦게 일어난 한 마리는 비정상으로 몸이 부어있어 많이 아프다는 것을 알겠지만 해줄 수 있는 일은 물을 갈아주는 것뿐이다. 사건은 그것으로 일단락되나 싶었는데 아픈 한 마리가 1개월 정도를 힘겹게 버티다 결국 명줄을 놓았다. 마치 피폭되어 몸이 녹아내리듯 되었으니 얼마나 아플까 싶지만 비명 한 번 지를 수 없는 것이 그들의 운명이다.

금붕어는 잠깐 인연으로 내 집에 와서 하나를 알려주고 떠났다. 그들도 서로 간에 의지하고 사랑하는 교감이 있고 몸을 한 번 크게 다치거나 상하게 되면 회복이 어렵다는 것도 교훈으로 얻었다. 남은 한 마리가 쓸쓸히 혼자 다니는 것을 보며 새 짝을 넣어 주어야할지 고민한다. 남은 한 마리를 위해 물도 갈아주고 먹이를 주지만 귀찮음에서 그만 해방되고 싶은 속마음이 내 얄팍한 진실인지 모른다.

미 소

「맨발의 기봉이」라는 인간극장을 즐겨본다. 그 주인공은 지능이 어린아이와 같은데 어디든지 맨발로 뛰어다닌다. 길을 달리고 언덕을 힘겹게 달려도 그의 표정은 딱 한가지다. 늘 웃고 있다는 거다. 어렵게 살지만 짜증 부릴 줄도 모르고 홀어머니에게는 더 없는 효자다. 얼굴은 그 사람 마음의 거울이라 했으니 그 미소를 만드는 마음이 어떤지 알 것 같아 그를 보고 있으면 내 마음도 편안해진다.

오래전 일이다. 여행자유화가 되면서 해외로 여행을 떠났는데 그곳에서 만난 사람 중에서 그런 미소를 본 적이 있다. 그때만 해도 처음으로 비행기를 타보는 사람이 많았다. 호주직항 비행기였는데 타고 보니 다행히 좌석이 많이 남아 있었다. 장거리 비행을 하다보면 가장 괴로운 것이 비행기 의자다. 왜 그리 좁게 만드는지 몸이 좀 큰 사람은 무릎까지 끼어 마치 고문 의자에 앉아 있는 것 같다.

밤에 떠난 그 비행기는 다행히 빈 좌석이 많았다. 여러 의자를 사용해도 눈치 볼 사람도 없고 누워서 갈 수 있기에 그보다 더한 행운은 없다. 그런데 옆에 앉은 부부가 이해할 수 없는 행동을 한다. 비행기가 이륙도 하지 않았는데 벌써 네 사람 자리를 모두 차지하고 길게 누워있다. 당연히 승무원이 다가가 주의를 주었지만 그 부부는 막무가내다. 우리가 누워있다고 비행기 올라가는데 무슨 지장이 있겠냐하며 억지를 부린다. 이륙시간은 되었는데 승무원들은 설명하고 달래느라 진땀을 흘린다. 지금만 같아도 바로 벌금처리를 하겠지만 연세도 있고 하니 간곡하게 앉아 줄 것을 거듭 부탁한다. 겨우 비행기가 하늘로 오르자 두 사람은 다시 길게 누웠다. 모습을 보아 칠순을 맞아 자식들이 여행을 보내준 것 같은데 아마 누군가 남아있는 좌석을 빨리 차지하라고 일러준 모양이다.

부부는 마치 허리가 붙은 듯 식사시간 말고는 누워있었다. 어차피 남은 좌석이 많아 여행객은 모두 편한 모습으로 잠을 자거나 책을 본다. 우리도 뒷좌석으로 가서 담요를 덮고 길게 누웠다. 비행기 안은 에어컨 가동이 잘되어 추웠다. 이상한 것은 담요를 두 장씩 덮어도 추운데 그들은 담요를 머리에 베고 있을 뿐 몸에 덮지 않는다. 식사를 할 때도 말을 할 때도 경상도 특

유의 억양으로 목소리가 걸걸하여 소심한 나는 춥지 않느냐는 말도 물어보지 못했다. 그들은 그렇게 밤새 담요를 베개처럼 베고 잤다. 마침내 아침이 오고 그녀가 일어나 화장실을 가다 뒤쪽에 있는 우리를 발견했다. 그러고는 이렇게 말했다.

"아이고 아지매, 집(댁)에는 집에서 담요를 가져 왔는가베요. 우리는 추워 죽을 뻔 했심더." 한다. 그 순간 그녀의 남편이 이렇게 말했다. "담요 한 장 가져가자고 해도 그렇게 말리더니 꼴좋다."

순간 웃음이 복받쳐 제대로 대답을 못했다. 옆 사람들은 웃느라 거의 실신 지경으로 일어나지 못한다. 모습이 장군 같아 무슨 시비라도 생길까 말 걸기도 두려웠는데 그 천진한 한마디에 얼었던 마음이 풀린다. 그것을 인연으로 대화를 나누게 되었고 알고 보니 같은 여행사로 온 동행이다. 부부는 시골에서 농사를 짓는데 예상대로 칠순잔치 겸해서 평생처음으로 여행을 왔다. 시골 토속적인 밑반찬을 많이 해왔는데 그것을 꺼내어 이 사람 저 사람에게 주니 진한 반찬 냄새가 진동한다. 또 가방은 굉장히 큰 것을 들고 왔지만 열흘 넘게 다니는데 옷을 갈아입지 않는다. 한 번은 길에서 무얼 찾는다고 가방을 열다가 내용물을 전부 쏟았는데 도와주며 보니 가득 든 것이 전부 옷이다. 그 당시 호주 날씨는 좀 쌀쌀 했는데 반팔과 반바지만 가지고와서 갈아입을 옷이 없다고 한다. 돈을 아끼느라 여행이 끝날 때까지 새옷을 구입하지 않았다. 버스 관광 중에도 엉뚱한 질문이나 말을 해서 일행을 웃기고 구성지게 뽕짝 노래도 잘한다. 물론 더러는 시끄럽다며 언짢아했지만 나는 그들 덕분에 모처럼 많이 웃었다. 모두들 딱딱한 표정으로 근엄하게 앉아있는데 웃음을 주는 그런 사람이 어디 흔한가. 아이스크림을 사서 나누며 남편이 젊은 시절 바람피운 이야기도 시원하게 쏟아놓는다. 동네 술집 작부와 숨바꼭질 사랑 놀음 사건을 어쩜 그리도 해맑은 표정으로 실감나게 이야기 하는지, 가슴 아픈 순간을 농담 섞어 재미있게 하는 것은 그 모든 것을 뛰어넘은 사람만이 할 수 있다. 그 남편 역시 그저 웃을 뿐 아내를 탓하거나 저지하지 않았다. 보통은 망신 준다며 화를 낼 텐데 오히려 추임새를 넣어 듣는 사람을 편안하게 해준다. 모두들 너무 똑똑하여 관계없는 일에는 말도 보태지 않는데 계산 없이 표현하는 그 미소가 좋다. 돌아올 즈음에는 그녀의 주변에 사람이 모여들어 고상이니 체면이니 하는 것을 벗어던지고 같이 웃고 떠들었다. 헤어질 때는 섭섭하여 서로의 주소를 주고받았지만 결국 그녀를 다시 만나지는 못했다.

얼마 전 「맨발의 기봉이」 2탄을 방영했는데 여전히 그 순진한 미소를 잃지 않았다. 50이 다되어가는 나이에 가방을 매고 초등학교를 다니는데 아이들과 함께하는 모습이 참 어울린다. 그는 여전히 웃는다. 그 미소 속에는 원망과 미움과 내일에 대한 걱정이 없다. 효심도 여전히 지극하고 누구를 만나 무슨 소리를 듣던지 늘 웃는다. 방송을 타며 여러 사람에게 시달리니 자칫 그 미소를 잃을까 걱정이다. 그를 좋아하고 주인공이 되는 것을 보면 모두 잃어버린 순수를 그리워하고 있나보다. 나 역시 마음 속으로는 웃기는 생각을 많이 하는데 체면이라는 덫에 걸려 꺼내어 말하지 못한다. 세월이 흘러 그 여행에서 무엇을 보았는지 가물거리지만 여행 중에 만난 그 부부의 미소와 걸림 없는 호탕한 웃음소리는 아직도 기억에 남았다. 생각이 많은 사람은 하루를 무심으로 살기가 어렵다. 자신이 나누고 베푼 것을 돌아서면 잊어버리는 사람만이 그런 미소를 간직할 수 있기에 그립고 또 부럽다.

바람이 머문 자리

등고선을 휘돌아 내려온 바람이 수숫대를 쓸며 지나간다. 갈색의 열매 위에 앉아 망중한을 즐기던 잠자리가 팔짝 놀라 달아난다. 이제 막 노랗게 변색을 시작한 나뭇잎들도 바람과 어울려 춤을 춘다. 덩달아 내 모자도 저만큼 날아간다. 나는 모자를 주우러 뛰어간다. 초가을의 바람은 여름을 잘 이겨낸 땅 위의 생명들을 더없이 부드러운 손으로 만져준다.

푸른 하늘밑에 상쾌한 바람, 이런 날에는 작은 언덕을 타고 뒷산에 올라가 들국화며 망초꽃에게 말을 걸어보고 싶다. 곧 다가올 추위에 사그라질 그들이기에 사진을 찍듯 기억의 창고에 저장했으면 좋겠다. 나이 들어가며 대화를 트고 싶은 상대가 많아졌다. 마당을 알짱거리는 잠자리며 개구리에게도 말을 걸고 연못의 잉어들에게도 건강이 어떤지 물어본다. 떠돌이 개와 고양이에게도 밥을 주고 누가 보면 돌았다고 할 정도로 소리 내어 그들과의 대화를 시도한다.

시골로 내려온 지 2년 정도 되어간다. 마음에 있으면 꿈에 있다고 몸이 아파서야 흙으로의 회귀를 강행했다. 아직은 서울에 할일이 남아 자주 왔다 갔다 해야 하는 번거로움이 있지만 몸과 마음은 한결 자연과 친해졌다. 늦은 만큼 시간은 더없이 소중하기에 하루 종일 텃밭 근처에서 서성거린다. 봄에 이것저것 씨앗을 넣었는데 신통하게도 열매를 맺었다. 초보 농군이라 많은 수확은 없지만 볼품없이 작고 굽은 그것들이 사람을 감동시킨다.

흙에 엎드려 있다 보면 하루가 화살같이 지나간다. 이제 햇볕에 얼굴 타는 것을 신경 쓰지 않게 되었고 무엇을 입을까 먹을까도 고민하지 않는다. 헐렁한 바지에 모자 하나면 될 것을 그동안 왜 그렇게 많은 것들을 껴안고 살았는지 모르겠다. 사람도 덜 만나고 전화도 줄었다. 머지않아 헤어져야하는 자연속의 생명들, 그간 잊고 살았던 그들과의 조우가 무엇보다 소중하다. 생각하면 내 생애에 이렇게 바람을 가까이 느껴 본 것이 몇 날이나 있었을까.

돌아보면 만년에 시골로 내려가 농사를 짓고 살고 싶다는 꿈은 친정 부모님의 소원이었다. 한생을 도시 근로자로 살아오신 아버지는 백여 평의 땅만 있어도 고향으로 돌아가겠다고 원을 세웠다. 하지만 정년을 한 해 앞둔 59세 되던 해 봄에 졸지에 돌아가셨다. 그 뒤를 이어 어머니도 가시니 고향에 돌아가겠다는 꿈은 말 그대로 꿈이 되었다.

어머니는 가끔 한숨석인 목소리로 이렇게 말했다.

"다시 태어난다면 바람이 되었으면 좋겠다."

평생을 열심히 일했지만 집 한 칸이 없고 여행 한 번 다니지 못했다. 그러기에 생의 고단한 마음을 그렇게 토해놓았나 싶다. 많은 세월이 흐른 지금에야 그 말의 뜻을 이해하게 되었기에 내 몸을 싸안고 지나는 바람 속에서 어머니의 숨결을 느낀다. 두 분이 가신 지 40여년 내 삶 역시 황혼의 끝자락에서 겨우 땅을 마련했다. 평생을 떠돌다 마침내 머물게 된 자리, 비록 물설고 낯선 곳이지만 부모님이 끝내 가지 못한 고향이거니 생각한다. 그러기에 씨를 넣고 풀을 뽑을 때도, 내 몸을 휘감는 바람 안에서도 가난했지만 정직하게 살았던 두 분의 냄새를 맡는다.

고추를 따고 가지를 딴다. 무성한 잎 속에 꼭꼭 숨겨둔 잘 익은 호박을 딸 때는 잠시 망설인다. 무엇을 얻겠다고 저리도 깊이 숨겨 놓았을까 하는 측은함에서다. 새 땅이라 척박해서 열매라고 보잘것없는데 그러기에 더 힘들게 키워낸 그것들이 손이 아프다. 오이를 따면서도 미안하고 고구마를 캐면서도 가슴이 저리다. 늦가을 어느 날 잎이 다 떨어진 산수유나무를 올려다보다 깜짝 놀랐다. 높은 정수리 위에 큰 바가지만한 호박이 대롱대롱 매달려있다. 익기도 전에 따버리는 주인이 얼마나 야속

했으면 손도 닿지 않은 높은 곳에 씨앗을 키워 숨겨놓았다. 농부들이 땀 흘려 지어준 온갖 곡식을 평생 먹으면서도 고마운 줄 모르는 얌체였는데 내가 지은 몇 개의 알곡에는 애착이 가니 이것은 무슨 마음보인가.

생각하면 우리의 삶과 동식물의 한살이가 무엇이 다를까싶다. 모두는 그렇게 지구의 한 일원으로 와서 내일이라는 희망 하나를 가지고 살아간다. 새끼를 키우고 그것이 자라 또 열매 맺기를 기다리고. 인간 역시 아이들이 어서 자라기를 바라고 힘든 공부가 끝나기를 기다리고 적금 탈 날과 집을 장만하는 그날을 기다리지만 돌아보면 빈손뿐이다.

바람이 머물다간 자리는 흔적이 남지 않는다. 어디든 머물다 미련 없이 떠나는 바람에게서 그물에 걸리지 않는 마음 한 자락을 찾는다. 처마 끝에 달아 논 풍경이 바람의 방향 따라 울 때 떠나간 사람의 체취를 느끼고 그가 그곳에 함께 있음을 안다. 나의 시간도 빈 들녘에 마른 낙엽 같다. 이제 바람이 되고 싶으니 필경은 흙과 숲과 물의 본성이 함께하기 때문이다.

부끄럽고 모자라지만 시 한 편을 써본다.

바람아 너는 알지

하늘에 떠있는 구름을 보느라

고개가 얼마나 젖혀지는지를

마루에 누워서 듣는 너의 소리
얼마나 좋아하는지를

몇 방울 물만 먹고도 온갖 것 키워내는
저 식물들에의 존경을

산마루를 쓰다듬으며 내려오는
너의 춤사위가 얼마나 장관인지를

생명이 생겨나 커가고
마침내 사라지는 모습의 슬픔을

그리고
그리고

그 모든 것을 빌려 쓰고도 갚지 못하는
마음의 송구함을

바람아
너는 알지.

굽은 못 하나

아이티에 지진이 났다. 특파원의 소식을 통해 듣게 되는 참상은 상상을 초월하게 비참하다. 공식 확인된 사망자가 15만 명을 넘었고 부상으로 누워있는 사람이 길에 즐비하다. 더구나 그중에 아이들의 피해가 더 크다 하니 어쩌면 좋을까. 아직도 여진이 남아 내일을 알 수 없다는 보도가 연일 이어진다. 지구 반대편에서 일어난 일이지만 같은 인류이기에 걱정하고 아파한다.

천혜의 아름다운 바다로 둘러친 아이티에 그토록 혹독한 고통이 온 것은 무슨 이유일까. 하늘이 하시는 뜻을 인간이 알 수 없지만 그 후유증은 오래갈 것이다. 그곳의 사람들은 최근까지도 흙으로 구운 과자를 먹고 있다한다. 오랜 강압정치로 인해 가장 가난한 나라로 등재되었다니 해일이나 지진보다 더 무서운 것이 독재가 아닐까 싶다. 하지만 산 사람은 어떻게든 살아야

한다. 내가 할 수 있는 일은 그저 전화기 몇 번 더 눌러줄 뿐 해줄 수 있는 것이 없다. 우리 세대도 전쟁으로 힘들던 때가 있었다. 동족끼리 총을 겨누어 서로 죽고 죽였다. 결과는 죽음과 가난과 배고픔이었지만 그것이 운명으로 받아들여져 고통인줄도 몰랐다.

피난 시절은 어려서 기억이 희미하지만 철이 들어 직접 겪은 천재지변이 몇 번 있다. 그 유명한 사라호 태풍 때 우리 집이 물에 잠긴 일이다. 제대로 된 하수시설이 없었으니 바람과 물은 온통 집으로 쏟아져 누런 황톳물에 가재도구가 쓸려나갔다. 고랑에는 돼지며 닭들이 둥둥 떠다녔고 사람들이 죽었지만 피해상황이나 통계보고도 알지 못했다. 학교도 지붕까지 잠겨 떠내려가고 산에 천막을 치고 수업을 받았다. 전국이 그런 지경이라 누구에게 원망도 못하고 보상은 생각할 수 없었다. 그래도 사람은 살게 마련인데 또다시 시련이 왔다. 멀지 않은 군수창고에서 불이 났는데 보관된 기름 탱크가 폭발했다. 기름 탱크 터지는 소리가 천둥치듯 해서 또 다시 전쟁이 난 것 같았다. 밤하늘은 폭죽놀이를 하는 듯 붉었고 날아오는 불꽃은 꽃이 떠다니는 듯했다. 다들 공포로 굳어 있었지만 그 밤의 하늘빛은 마치 악마의 눈빛이듯 신비스럽고 아름다웠다.

동네사람들은 날아오는 불꽃을 끄기 위해 지붕 위에 올라가 물을 뿌리고 빗자루로 쓸었다. 그 당시 동네 지붕은 루핑이라는 기름먹인 종이로 되어 있었다. 말 그대로 불만 닿으면 흔적 없이 사라질 그런 조건이다. 철이 없던 나는 날아오는 불꽃의 잔해가 유성이나 꽃송이가 떠다니는 것 같아 바라보느라 결과를 생각하지 못했다. 아버지와 오빠도 지붕에 올라가 물을 뿌리며 이어서 날아오는 불꽃과 싸우고 있는데 그 순간 몸이 많이 아팠던 엄마가 혼절을 해 버렸다. 너무 큰 충격을 받아 그렇잖아도 병약한 엄마가 쓰러져 버린 것이다. 우리 형제는 이제 엄마를 리어카에 담아 모시고 산으로 도망을 갔다. 아무것도 가져오지 못하고 산에서 추위와 싸웠다. 그 며칠의 시간 동안 나는 부쩍 강해져서 엄마에게 드릴 먹을거리를 구해오고 집과 산을 뛰어다니며 연락도 했다.

아픈 엄마를 병원에 데려가지 않고 왜 산으로 갔는지 지금 생각해도 이해가 안 되지만 깨어난 엄마의 손에는 이상하게도 녹이 슨 굽은 못 하나가 꼭 쥐어져 있었다. 가난한 살림이라 해도 가져나올 무언가 하나는 있었을 텐데, 얼마나 경황이 없으면 녹슨 못을 무슨 보물처럼 손에 꼭 쥐고 있다니. 며칠을 타던 군수창고는 다행히 우리 집은 남긴 채 불이 꺼졌다.

사람은 시련을 겪으며 강해진다. 한 세상 살아낸다는 것은 어떤 악조건이 와도 극복하는 과정이다. 이제 더 이상 희망이 없다 싶어도 그 옆에는 쉴 수 있는 그루터기가 있기 마련이다. 요즘 들어 자살하는 사람들이 많아 큰 사회문제가 된다. 얼마 전

유명 배우 남매도 자살을 했고 심지어 대통령이었던 분도 자살을 했다. 보통의 생각으로는 돈과 명예, 건강 모두를 다가지고 있는데 왜 생을 포기하는지 알 수 없다. 물론 자신들은 그 길밖에 없다고 판단해서 한 선택이겠지만 조금만 눈을 크게 뜨고 바라보면 그 옆에 길이 있다. 지금 이 순간도 병고의 고통으로 싸우는 사람이 얼마나 많으며 장기를 구하지 못해 수술을 못하는 사람도 부지기수다. 그런 사람은 오로지 건강한 몸 하나를 얻기 위해 고군분투한다. 건강을 잃으면 다 잃는다 했으니 건강하다면 다 가진 셈이다. 그 외에 생을 포기할 만큼 중요한 일은 없다. 여러 가지 고통은 파도처럼 쉼 없이 다가오지만 그것을 뛰어넘는데 생의 의미가 있다. 하루하루 평범하게 살아가는 일, 그 평범함 속에 신의 큰 뜻과 그날을 맞이하고 보내는 의미가 담겨있다. 이 세상에 내 마음대로 온 것이 아니듯 갈 때도 내 마음대로 떠날 수 없다. 그것은 신의 영역으로 처분대로 받아들여야한다. 어쩌면 아이티에서 난 천재지변도 지금은 억울하고 안타깝지만 세월이 지나면 꼭 그래야만 하는 하늘의 뜻이 있을 것이다. 받아들이고 살다보면 상처 위에 새살이 돋듯, 좋은 날도 가끔은 있게 마련이다.

봄날에 생긴 일

봄을 기다리다 지쳐 서둘러 화원에서 꽃을 들여와 현관 앞에 놓았다. 비록 인공으로 키운 꽃이지만 제법 화사해서 봄이 한발 성큼 다가온 느낌이다. 그래도 부족해서 땅을 뒤집으며 올라온 새싹들을 찾아보는데 어디서 왔는지 닭 한 마리가 마당을 알짱거리며 다닌다. 생긴 것으로 보아 토종인 것 같은데 쌀쌀한 바람 사이로 먹을 것을 찾아다니는 모습이 쫓기 듯 바빠 보인다. 오늘도 녀석은 저만큼 떨어져 땅을 헤집는데 어느 사이 창고 뒤 구석지에 마른풀을 물어다 둥지까지 만들어 놓았다. 동네주민에게 누구네 닭인지 수소문해 보아도 아는 사람이 없어 그저 있는 날까지 먹이만 주기로 마음먹는다. 닭은 모이를 웬만큼 먹으면 알을 품는데 흔한 것이 닭이고 계란이지만 내 집에서 품는 모습은 무언가 더 찡하다. 혹시 사람이 얼쩡거려 스트레스를 받으면 포란에 지장이 생길까 남편에게 그쪽 근방으로 가지 말라는 부탁까지 했는데 어느새 작은 담을 쌓고 대야로 지붕까지 덮어 주었다. 그들이 잘 살아내기를 바란다는 것을 모르지는 않지만 닭이 무사히 알을 품어 병아리를 태어나게 할지는 심히 염려스럽다.

지난여름 일이다. 남루한 개 두 마리가 집주변을 돌아다녔다. 한 마리는 목줄이 꽉 조여 숨쉬기가 힘든 상태고 또 한 마리는 너무 말라 척추가 휜 것 같았다. 목줄이 심하게 졸린 개는 어디로 끌려가다 도망을 쳤는지 경계심이 여간 아니다. 나는 마당의 바위 위에다 음식이며 사료를 놓아주었는데 개들은 굶지 않아 좋고 우리는 먹다 남은 음식을 버리지 않게 되어 은연중에 서로 좋은 관계가 형성되었다. 그리고 밤이면 더러 무섭고 썰렁한 집에 개 짖는 소리는 한결 위안이 된다.

남편은 개의 조인 목줄을 끌러주려고 여러 번 시도를 하였지만 도무지 가까이 오지를 않아 어려웠다. 언젠가는 전문가를 불러 풀어주자 의논했는데 그런 중에도 시간은 흘러 살이 통통하게 찌고 털에 윤기가 돌았다. 경계심도 많이 풀려 외출에서 돌아오면 고개를 갸웃거리고 아는 체를 한다.

그렇게 여름이 거의 끝나가고 하늘이 높아지던 말복쯤 며칠째 개들이 보이지 않는다. 가끔은 어딘가로 갔다가 2, 3일 후에 돌아오기도 하기에 큰 걱정 않고 먹이만 놓았다 치우기를 반복했다. 개가 없어지던 전날 밤 아랫집에는 손님 서너 사람이 찾아왔다. 그 집에는 농사를 조금 지으며 혼자 사는 남자 노인이 있는데 평소 찾아오는 사람이 별로 없었다. 하지만 그날 밤은 제법 사람의 소리가 활기차게 두런거리고 창에는 밤새 불빛이 밝았다. 우리 부부는 모처럼의 사람소리에 노인의 외로움이 덜어질까 내심 좋아하였다. 그날 이후 그들은 어디로 갔는지 보이지 않다가 한 3, 4일 후에 돌아왔다. 인사도 드릴 겸해서 노인에게 떠돌이 개들의 안부를 물어보니 그는 아주 환하게 웃으며 자랑스럽다는 듯이 이렇게 말한다.

"아 그놈들 살이 통통하게 찐 것이 맛있습디다. 몸이 한결 좋아졌습니다."

순간 너무 놀라서 주저앉을 뻔했다. 원주민들이라 무어라 항변도 못하고 돌아와서 생각하니 내 잘못이 큰 것 같다. 집을 자주 비워 챙겨주지도 못하면서 먹을 것만 많이 주어 살을 찌워 놓았으니 노인의 눈에는 영양 덩어리로 보였을 것이다. 가끔 TV를 보다보면 사람으로 인해 상처 입은 개가 나오고 그를 구제하기 위해 구조단이 대거 동원되는 것을 본다. 그래도 잡기가 힘든 것이 떠돌이 동물인데 어느 사이 경계가 풀려 한때 식사거리가 되고만 것이다.

시골로 이사를 와서 산책을 다니다보면 주변에 가축을 사육하는 모습을 많이 본다. 그리고 그들의 환경이 너무나 열악한 것에 놀란다. 대량으로 사육되는 닭은 거의 움직임이 없고 쉬지 않고 모이만 쪼는데 물론 몸을 움직일 공간도 없다. 대낮같이 밝은 전깃불 아래 더위는 사정없고 털이 거의 빠진 몸이지만 날개 한 번 시원하게 펼 공간이 없다. 돼지들의 생활도 크게 다르지 않다. 칸칸의 철책 속에 엎드려 오물 위에 뒹굴고 있어 병이 나지 않으면 오히려 이상하다. 그러기에 항생제 주사를 물 주듯이 투여하고 있지만 그 모든 것이 결국은 우리 몸으로 들어오게 된다.

다시는 떠돌이 동물에게 정을 주지 않겠다고 맹세했는데 어느새 닭에게 먹이를 주고 있다. 사육장에서 용케도 도망쳐서 우리 집 마당을 돌아다니는 저 닭도 언제 누구의 간식거리가 될지 모르는데 사력을 다해 알을 품고 있는 것이 안쓰럽다 못해 애잔하다. 그리고 정확히 사흘 후 내 염려는 현실로 돌아왔다. 서울에 잠깐 다녀왔는데 닭이 보이지 않는다. 그사이 무슨 일이 있었는지 어미와 함께 계란도 없어졌고 남아 있는 한 개의 알도 깨져서 싸늘히 식었다.

봄은 이제 풍만해져서 산야는 꽃과 풀의 향연이다. 하늘은 맑고 몸을 감싸는 바람은 한없이 싱그럽다. 하지만 그 아름다움 속에 숨겨진 세상은 결코 인자하지도 만만하지도 않다. 건강하게 오래 살고 싶어 개를 먹은 앞집 노인은 병명도 모른 채 달포를 아파 누웠고 산수유 나무위에서 지저귀던 새도, 사력을 다해 알을 품던 어미닭도 이 봄을 못 넘기고 시간의 저편으로 사라졌다. 영문도 모르고 이 세상에 와서 먹고 먹힌 모두는 언제 있었기나 했냐는 듯 흔적이 없다. 오고 또 가고, 생명 있는 것들에게 한없이 잔인했던 봄날이 저만큼 멀어지고 있다.

3.

가을 그리고 오늘

전철 풍경

터널 속을 달리던 전철이 지상으로 올라가는 순간을 좋아한다. 어둠을 지나 찬란한 밝음 속으로 나올 때의 기분은 알 수 없는 안도와 함께 해방감을 느낀다. 한강변의 햇살은 창가에 흩어지고 짧은 겨울 해는 강물에 은비늘을 만들며 반짝인다. 먼 산이 보이고 올망졸망 지붕들이 엎드려있고, 그런 생활 속의 풍경들은 언제나 반갑고 새롭다. 그 순간 아직도 지구별의 일원에 속해있다는 안도와 함께 행복을 느낀다.

늘 그렇지만 전철 안 사람들의 얼굴은 표정이 없다. 무심히 밖을 내다보거나 손전화를 하거나 아니면 모자란 잠을 보충한다. 나도 사람들 사이에 끼어 창밖을 내다보는데 갑자기 출구 쪽이 어수선해진다. 삼십대 중반쯤 되어 보이는 여자 두 명이 하필 내 앞에 무릎을 꿇고 앉는다. 그들은 두 손을 마주잡고 무슨 말인가를 중얼거리며 기도를 올린다. 그리고 그중 한 명이 조용히 일어나 사람들을 향해 말을 하기 시작한다.

그녀의 말을 대충 요약하면 이렇다. 자신은 한때 사악한 여자였다고 서두를 뗀다. 가정이 있었지만 유부남과 불륜의 관계를 맺었고 그 일로 인해 이혼을 당한다. 재혼을 했는데 새 남편에게는 아이가 셋 있었다. 그들이 너무 미워 남편이 없을 때 아이들을 학대하여 때렸다. 경제적으로 어렵고 생활이 짜증스럽다보니 점점 더 타락한 생활을 하게 되었다. 그러다가 우연히 예수님을 영접하게 되고 죄 사함을 받아 마침내 구원을 얻었다 말한다.

그녀는 긴 대사를 한마디 실수도 없이 정확하게 외운다. 충혈된 붉은 눈에서는 참회의 눈물이 흐르고 그 순간 모습은 진실 같다. 가슴에는 붉은색으로 '예수천당, 불신지옥'이라는 글자가 선명하다. 말끝에 지금까지도 예수님을 영접하지 않고 죄를 회개 못한 사람은 지옥불이 기다리고 있을 뿐이라 단정 짓는다.

나도 한때 교회에 다닌 적이 있다. 초등학교 때의 일인데 그때의 목적은 어린 마음에도 자못 계산적이었다. 그 시절 교회는 가난한 이들에게 많은 것을 주었다. 미국사람들이 입다 버린 구호품 옷을 얻을 수 있었고, 우유, 옥수수가루를 얻기도 했다. 부활절에는 색색의 계란과 빵을 타기 위해 더 열심히 갔던 기억이 난다. 하지만 생의 굽이를 넘어오다 교회와의 인연은 끊어졌다.

그녀의 간증은 계속 된다. 칸칸이 옮겨 다니며 일생에 한 번도 말하기 어려운 불륜이니, 간음이니 하는 말을 앵무새처럼 되뇌고 있다. 나는 또 그놈의 호기심이 발동해서 그녀들의 뒤를 슬슬 따라간다. 3번째 칸까지 옮겨 가느라 내릴 곳을 지나버렸지만 무엇을 전하기 위해 저토록 절실한지 그것이 알고 싶었다. 하지만 그녀가 죄사함을 받아 마침내 구원을 얻었다는 대목에 오면 그만 의아해서 헷갈리고 만다.

내가 알고 있는 죄란 용서받을 수 있는 것과 없는 것이 있다. 살생을 하거나 강간, 유괴 이런 죄를 진 사람은 비록 하늘에서 용서 한다고 해도 나는 용서하고 싶지 않다. 다행히 그것까지는 아니지만 불륜을 저지르고 전처의 아이들을 때리고 학대했던 마음은 꼭 예수님 앞에 가서야 뉘우치게 되는 것일까. 여자의 심성에는 본능적인 모성이 있다. 친어머니를 잃은 아이들을 사랑으로 돌보는 것은 산골의 촌부라도 할 수 있는 일이다.

종교가 인간에게 끼친 역할은 대단하다. 마음을 비우고 정직하게 살기를 가르치는 것은 역시 종교의 힘이다. 여러 교파가 많은 우리나라는 가히 종교의 천국이다. 길가는 사람을 붙들고 물으면 어떤 교든지 한 가지씩은 나름대로 믿고 있다. 이론대로라면 바르고 착한 사람이 넘쳐나야 옳은 일인데 현실은 그렇지 않다. 어찌된 일인지 세상은 갈수록 험악해지고 잔학한 범죄도 늘어난다.

부모님의 종교는 자연이었다. 생명 있는 것들은 물론 길가의 개미 한 마리도 죽이지 말라 가르쳤다. 또 내 것이 아닌 것은 길에 있어도 줍지 말라 하셨다. 세상의 한 생명으로 와서 예수님과의 인연은 맺지 못했지만 신의 사랑을 부정 해본 적은 없다. 아침에 솟아오르는 태양과 밤하늘의 별을 바라 볼 때는 신이 그곳에 있음을 느낀다. 넓은 우주와 그 속에서 생멸하는 생명들, 생각하면 모두는 신의 품에서 나왔다가 신의 사랑으로 살고 다시 그 품으로 돌아가는 회귀의 순환이다.

나는 현실을 중히 여기는 속물이라 그런지 방 한쪽 귀퉁이에 외롭게 버려진 그녀의 아이들이 눈에 보이듯 선하다. 새엄마가 집을 비운 이 시간에 혹시 주린 배를 움켜쥐고 울고 있지 않을지, 아프거나 소외되어 외롭지 않을지 그것이 염려스럽다. 그 나이의 젊은 어머니들이 꼭 해야 할 일은 아이들을 잘 보살피고 올곧게 키우는 일이다. 집안일만 해도 바빠야 할 젊은 여성들이 전도를 한다며 큰 가방 하나씩을 들고 거리를 헤매는 것을 보면 노파심인지 걱정이 앞선다. 지금 이 순간도 가정과 사회에서 봉사의 삶을 살며 선행을 베푸는 사람이 많다. 모처럼 그런 이를 만나면 존경과 함께 그가 믿는 종교에 신뢰가 가고 따르고 싶어진다. 소외된 이웃을 따뜻이 보듬어주고 오른손이 하는 일을 왼손이 모르게 하는 것, 그것이 말없는 가운데 하는 전도가 아닐까. 불지옥 걱정은 더 늙어서 하고 빨리 집으로 돌아가 아내, 엄마 역할을 성실히 하는 것이 신의 뜻일 것 같다.

엉뚱한 곳에 내려 밖으로 나오니 겨울바람이 시원하다. 여전히 산은 구름을 인 채 그대로고 하늘은 맑아 마음속엔 어느 것 하나 미운 것이 없다. 거대한 법칙에 의해 생겼다 사라지는 너와 나, 그것만 생각하면 늘 가슴 한쪽이 서럽고 시리다. 좀 전에 내 곁을 스쳐간 그녀들, 제발 듣기에도 거북한 단어들은 가슴에 묻어두고 필요한 곳에서 가치 있는 시간을 보내기를 기원해본다.

빌려 쓴 값

끝없이 이어지는 구름 속 하늘 길, 400여 명을 태운 비행기는 조용히 날고 있다. 창밖을 내다보면 솜이불 같은 구름밭이 펼쳐져있고 유리창 하나를 사이에 둔 안쪽에서는 영화를 보고 식사를 하고 차를 마신다. 비행기는 무려 열여섯 시간을 날며 바다를 지나고 산맥을 지난다. 문명의 이기를 이용할 때마다 느끼는 것인데 생각해보면 그 모든 것에 그저 감탄한다. 이 거대한 우주공간과 푸른 별 지구, 그 속의 온갖 생명들, 그리고 사람이 만들어낸 과학을 타고 마치 순간이동을 하듯 날아다니는 지금의 세상은 경이롭기까지 하다.

비행기를 타고 세계 곳곳 다니다 보면 내게까지 돌아오는 문명의 혜택이 무척 고맙다. 신은 인간에게 날개를 주지 않았지만 날개를 만들 수 있는 지혜를 주셨다. 누군가 오랜 시간 밤잠을 설치며 연구하여 만들어놓은 문명이 있기에 하늘로 바다로 다니며 세계 곳곳의 풍습과 자연을 만날 수 있다. 타고 다니는 자동차만 해도 그렇다. 차에 대해서 아무것도 모르지만 30여 년을 운전을 하며 가고 싶은 곳을 마음껏 돌아다닌다. 기차를 타고 배를 타고, 그중에 비행기야말로 인간이 만든 많은 것 중에서 위대한 창조 작품이다. 거대한 산맥과 바다 위를 날아 지구의 반대편 땅위에 사뿐히 내릴 때면 누가 부탁하지 않아도 저절로 박수가 터져 나온다. 구태여 라이트 형제를 들먹이지 않더라도 하늘을 날고 싶은 인간의 꿈은 오래되었다. 얼마나 많은 사람들이 아득한 하늘을 올려다보며 날아다니는 상상을 하였을까. 밤잠을 설치며 연구한 영특한 그들이 있었기에 최고의 문명세상을 인류에게 헌납했다.

사람의 겉모습은 비슷하지만 그 내면의 값은 하늘과 땅처럼 다르지 않을까 생각해 본다. 외모의 생김새가 다르듯 그 두뇌 속 갖춤도 같을 수 없다. 지금 이 순간도 인류의 발전을 기원하며 우주선을 올리고 미래를 연구하는 사람도 있나하면 한편에는 온갖 문제를 일으켜 지구와 인류에게 피해를 주는 사람도 많다. 전쟁을 일으키고 테러를 자행하고 어린이와 부녀자를 납치유괴하고 남의 재산과 생명을 빼앗는다. 독재자는 권력을 유지하기 위해 자신의 백성에게 총과 대포를 들이댄다. 사상이 다르고 종교가 다르면 상대를 인정하고 같이 공존하면 될 것을 왜 죽여야

하는지 이해하기 어렵다. 작게는 운전을 하다 창을 열고 쓰레기를 던지고 가래침을 뱉는 사람과 온 산에 덫을 놓아 동물들의 목숨을 제 것인 양 거두는 사람도 있다. 또 돈이 없다고 부모를 버리는 사람을 볼 때면 정말 하나님의 형상으로 지음 받았다는 인간의 모습이 맞나싶다.

끝없다는 우주공간, 태양과 지구는 어떻게 생성되었고 그 속의 생명들은 어디서 왔는지 세상은 의문투성이다. 그 속에 모래알처럼 사람은 많다. 그러기에 신의 소임을 받고 이 땅에 와서 사람들을 이끌어줄 리더는 분명 있어왔다. 과학을 발달시키고 예술작품을 만들어 인류의 정서에 지대한 영향을 미치는 그런 존재, 그들이 있기에 역사는 발전되고 정신과 물질은 풍요로워졌다. 비록 자살로 생을 마감하기는 했지만 화가 반고호의 그림을 보면 그림에 문외한인 나도 그 격정과 슬픔이 가슴으로 전해져온다. 유럽에 여행 갔을 때 미켈란젤로의 '피에타상'을 보았다. 십자가에서 막 내려온 죽음을 맞이한 예수를 성모님이 안고 있는 모습, 아들을 잃은 어머니의 슬픔을 그 모습에서 깊이 공감할 수 있었다. 작가의 손이 닿기 전에는 하나의 돌에 불과했지만 그 속에서 성모님의 마음을 꺼내어 오만에 가득 찬 인간들에게 보여주었다. 위대한 성인을 알아보지 못하고 고통 속에 죽게 한 과보를 대를 이어가며 느끼게 만든 것도 또한 인간의 혜안과 지혜이다.

사람은 태어나서 죽을 때까지 무언가 열심히 몸을 움직이다가 간다. 그 모든 노력은 오늘보다는 나은 내일의 행복을 위해서다. 하지만 서둘러 행복해지기 위해 더러는 무리수를 둔다. 나만 생각하다보니 너라는 상대에게 폐를 끼친다. 너와 나는 본래 하나에서 왔다는 것을 깨닫는다면 피해를 줄 수 없다. 잘살기 위해 거짓말을 하고 남에게 손해를 끼치지만 하늘의 순리는 정확하고 준엄하다.

나는 무엇을 했나 가만히 물어본다. 그러면 한없이 작아져서 모든 것에 미안하다. 세상을 위해 봉사하지도 못했고 이웃에게 큰 의미로 남지도 못했다. 그저 누군가가 수고하여 만들어 놓은 음식이며 물건들을 소비하여 오염시키는데 일조를 했다. 이미 황혼의 그림자도 지고 수묵화의 겨울이 와있는데 아직도 마음은 쓰레기더미다. 내 한생을 돌아보면 오직 미안할 뿐, 사람으로 태어나 빌려 쓴 값을 어떻게 갚고 가야 할지 그것을 걱정한다.

사랑이 그립다

결혼식에 자주 가는 편이다. 지인의 자녀 결혼에도 가고 남편 대신으로 누구인지 전연 모르는 결혼식에도 참석한다. 그곳에 가면 빠지지 않고 치르는 나만의 절차가 있다. 웨딩마치가 울리고 신부가 하얀 면사포를 쓰고 들어오면 콧날이 시큰거린다. 신성한 남의 결혼식에 웬 눈물이냐고 할지 모르지만 주례가 두 몸이 한 몸 되어 검은 머리 파뿌리 어쩌고 하면 그 대목에서 내 눈은 어김없이 눈물을 흘려보낸다. 앞으로 새 신랑신부가 겪어야 할 인생의 고난이 영상스크린처럼 나타나 보인다. 사랑은 짧게 끝나고 질긴 의무만 남아 두 어깨가 점점 무거워질 것을 알기 때문이다.

「가을동화」라는 드라마가 대 히트를 한 적이 있다. 서로를 사랑하다 마침내 죽음까지도 함께한다는 그런 이야기다. 가끔 그 드라마를 보는데 세상에 저리도 지고지순한 사랑이 있을까 싶다. 어느 날 우연히 신문을 뒤적거리다 그 드라마를 쓴 작가의 소회를 읽었다. 그 내용 중에 정작 그 작가는 남녀의 진실한 사랑은 믿지 않는다고 하였다. 현대인의 삭막한 가슴에 잊혀져가는 사랑이야기가 세상 어느 한 귀퉁이에 남아 있을 거라는 희망을 가지고 글을 썼다고 했다. 영화나 드라마에서 빠지지 않고 사랑이야기가 나오는 것을 보면 우리 마음 뒷면에 애절한 그런 사랑을 한 번쯤 해 보고 싶은 심리가 깔려 있다.

물론 이 세상에는 말로는 설명이 안 되는 사랑도 존재한다. 멀쩡한, 그것도 잘생기기까지 한 사람이 왜소증에 걷지도 못하는 여자와 결혼을 해서 아이도 낳고 행복해하며 잘산다. 또 이십대의 싱싱한 젊은이가 오십이 다 되어가는 엄마 같은 여성과 결혼해서 오늘을 살고 있다. 세상의 잣대로 설명할 수 없는 그런 사랑은 어디서 오는지 아직 잘 모른다. 사랑은 잠시 왔다 떠나는 열병 같은 것이라지만 처음의 사랑을 끝까지 지키는 사람도 있고 손바닥 뒤집듯이 변하는 경우도 많다. 그래도 모두는 그런 지고지순한 사랑을 꿈꾼다. 지나고 나면 몇 개의 아픔과 추억이 전부지만 갈피에 꼭꼭 숨겨놓은 추억을 가끔 꺼내보며 힘든 한세상을 살아간다.

어느 날 꽤 이름이 알려진 어느 연예인의 결혼식에 참석했다. 남자는 나이가 좀 많고 여자는 아주 어렸는데 신랑이 인사말을 하는 중에 이런 말을 한다. 비록 한날한시에 태어나지는 못했지만 죽음만은 같이 하겠다는 것을 여러분에게 약속드립니다. 물론 감격스럽고 흥분해서 한 말이겠지만 순간 너무 놀라고 당황스러워서 들고 있던 포크를 떨어트렸다. 두 사람의 나이차이가 띠 동갑을 넘었다는데 한날한시에 같이 죽겠다니 무슨 저런 해괴한 말을 하나 싶다. 한편 서로를 얼마나 좋아하면 그러겠나 싶어 이해가 되기도 했다. 그 후 공중파에서 그 두 사람의 얼굴이 가끔 보이면 부디 별일 없기를, 잘 살아주기를 빌었다. 하지만 얼마 지나지 않아 그들이 이혼을 했다는 보도를 보았다. 한날한시에 죽게 될 운명은 피해서 다행이지만 결혼식 날의 그 황홀하게 아름다웠던 밤이 잊히지 않아 괜히 혼자서 오래 괴로워했다.

올해 들어 결혼하고 이혼한 사람이 셋에 하나라는 통계가 나왔다. 오염된 음식 탓인지 남녀 간의 사랑도 부모자식간의 사랑도 예전 같지 않다. 조건 없이 만나 사랑하던 순수한 마음은 이제 옛 이야기다. 직업과 학벌과 집안의 형편 이런 것들을 도표로 만들어 그에 맞는 상대끼리 만나고 이루어진다. 그러니 그 사랑이 온전할 리 없다. 그나마 참 다행인 것은 대다수의 평범한 사람들은 득과 실을 따지지 않고 가족이 된다. 힘겨운 고통이 따라도 사랑하는 가족을 지켜주기 위해 열심히 일한다. 비록 단 한 사람이라도 나를 이해하고 사랑해주는 사람이 곁에 있다면 그 인생은 성공한 삶이다. 같이한 시간의 추억과 인내와 눈물을 함께한 사이, 그것은 천금을 주고 살 수 없는 값진 재산이다.

지금 이 순간도 사랑하고 미워하고 만나고 헤어진다. 그렇지만 그 깊은 내면의 가슴에는 사랑받고 싶다는 갈증이 담겨있다. 실없이 한세상 보내고 나니 이제야 사람뿐 아니라 모든 생명체가 사랑의 결정체라는 것을 알겠다. 모두는 큰 하나에서 출발해서 작은 하나가 되었다가 다시 큰 하나로 돌아간다. 그 속에는 사랑이 존재하고 그 사랑으로 인해 생명은 이어지며 영속된다. 그 모두가 하나의 법칙에서 나왔다는 것을 진작 알았다면 싫으니 좋으니 하며 시간을 낭비하지 않을 텐데, 어떤 상황이 와도 변치 않고 서로를 생각하는 마음, 그런 사랑이 뒤늦게 이제야 절절히 그리우니 웬일인지 모르겠다.

변 명

겨울 같지 않은 포근한 날씨, 작은 배낭을 메고 뒷산에 오른다. 서울의 하늘이 찌들었다 해도 산의 공기는 아직 맑다. 엠피쓰리에서 흘러나오는 음악을 따라 콧노래를 부르며 걸으니 혼자만의 발걸음이 가볍다.

산의 중턱쯤에서 잠시 쉴 요량으로 의자에 앉아 땀을 닦고 물을 마신다. 그 순간 긴 숨소리를 토하며 누군가 내 옆에 털썩 앉는다. 가래 끓는 거친 숨소리에 놀라 바라보니 70대 후반으로 보이는 할머니다. 물을 나누어주며 "이 높은 곳까지 어떻게 올라오셨어요." 하였다.

할머니는 휘파람 같은 긴 숨을 토하며 아들과 며느리와 함께 왔다고 말한다. 아들 내외는 산의 정상까지 올라가고 자신은 여기까지가 한계라고 한다. 한숨을 돌린 할머니는 오히려 나더러

혼자 왔느냐고 묻는다. 나는 약간 풀이 죽은 목소리로 그렇다고 대답한다. 우리 집 아이들은 등산할 만한 형편에 있지 않고 오히려 얼굴보기도 어렵다. 친구와 동행할 때도 있지만 시간 맞추기가 번거롭고 가끔 남편과 함께 오기도 하지만 그는 걷는 것을 싫어해서 산 입구까지 오면 바위에 앉아 버린다.

할머니는 내 나이를 물어본다. 60갑자 한 바퀴를 돌았다고 말하니 오히려 좋은 때라고 한다. 자신은 그 나이에 산을 뛰어다녔다고 자랑하며 갑자기 동생 대하듯 말투를 바꾼다. 요즘 들어 몸도 아프고 의욕이 없어 세상을 다 산 듯 재미가 없는데 내 나이를 좋은 때라 하시니 기분은 나쁘지 않다.

할머니 연세는 78세. 적지 않은 나이에 산을 오를 수 있는 용기가 대단하다. 그는 자식들이 모두 효자라서 아직까지는 건강하다며 자신의 이야기를 풀어놓는다. 할머니는 젊었을 때 상당한 교육을 받은 인텔리 여성인 것 같다. 지금 세상 돌아가는 일도 대부분 알고 있고 다방면에 상식이 풍부해서 대화가 잘 이어진다. 그렇게 시작된 이야기는 자식자랑으로 귀결되어 좀처럼 끝나지를 않는다.

시간이 꽤 흘러가는데도 할머니의 말은 마치 막힌 봇물이 터진 듯 흘러나온다. 처음 만난 사람에게 반평생 이야기를 다 하자니 언제 끝날지 알 수 없다. 나야 말주변이 없으니 어디 가나 남의 말을 들어주는 편이지만 주로 아들의 효성과 딸이 무엇을 사주었다는 그런 자랑이 섞인 이야기들이다.

땀이 식자 한기가 들어 마음속으로 노인과의 시간이 끝나기를 기다린다. 배낭 속의 과일을 꺼내드리며 일어설 기회를 엿보지만 대화에 굶주렸던 것일까. 좀처럼 끝날 기미가 보이지 않는다. 눈치를 살피다가 할 수 없이 먼저 내려가겠다며 일어선다. 할머니는 그 말을 기다렸다는 듯 같이 내려가자며 따라나선다. 휴대폰이 있으니 아들은 등산로 입구에서 만나면 된다고 한다. 몇 발짝 떨어져 내려오다 기척이 없어 돌아보니 지팡이를 잡은 채 그냥 서 있다. 올라올 때는 어떻게 왔는데 내려가는 길은 다리가 후들거려 발이 떨어지지 않는다나.

두 사람이 팔짱을 끼고 한 발 한 발 내려온다. 계단이 없는 내리막길은 돌부리가 많이 박혀있다. 노인은 의외로 육중한 몸이다. 내게로 몸을 너무 기울여 걷는 것이 점점 힘 든다. 돌부리에 걸려 넘어지기라도 한다면, 등에서 식은땀이 흐른다. 혼자 걷다 둘이 되어 내려오며 생각하니 황당하기도 하고 좀 귀찮기도 하다. 누가 보면 언니, 아니면 동서, 아무튼 오랜 지기 같아 보이는 풍경이다.

자투리 시간을 이용하여 운동 삼아 잠깐 산을 올랐다가 결혼식에 참석하려고 정상까지 올라가지도 못했는데, 마음이 바빠지면서 슬며시 부아가 치민다. 평소 봉사정신이 강한 착한 사람도 못될 뿐더러 요즘 들어 건강이 좋지 못해 내 한 몸 건사하기도 어렵다. 짜증이 올라오니 별별 생각이 다 난다. 복 많은 여자는 넘어져도 가지 밭에 넘어진다는 농담이 있는데 어떻게 된 것이 그런 복과는 인연이 멀다. 친구들 말을 들어보면 등산을 하다 근사하게 잘생긴 노신사를 만나 차를 마셨다거나 아니면 좋은 친구로 발전했다는 소문을 들을 때가 있다. 그럴 때면 부러움 반 기대 반으로 언젠가는 내게도 하는 그런 꿈을 저버리지 않았다. 하지만 여직 어디 가서 꼬부라진 영감 뒤통수도 본 적이 없다. 얼마 전에는 8살 남짓의 어린아이가 갑자기 산 위에서 뛰어 내려오며 내 품에 안겼다. 그 반동으로 같이 넘어져 갈빗대를 다쳤는데 알고 보니 돌부리에 걸려 제어를 못하고 뛰어오다가 나와 부딪힌 것이다. 다행히 아이는 다치지 않았지만 나는 그 며칠을 숨쉬기가 힘들었다. 그렇게 우연으로 스쳐도 할머니와 어린아이들뿐이니 로맨스의 행운은 아직 오지 않았다.

30여분이면 내려올 길을 1시간 더 걸려서 내려왔다. 다리가 후들거리는 것을 애써 참고 "이제 아드님에게 전화를 하세요." 하였더니 좀 망설이는 듯하다 전화를 하기는 한다. 이상한 것은 조금 전의 말 많고 활달한 모습은 간 곳 없고 누군가와 소곤거리듯 하다 전화를 접고 이렇게 말한다.

"우리 아들 며느리는 무척 바쁜 사람이라 먼저 집으로 갔다고 하네요."

순간 허탈함으로 맥이 풀린다. 인사를 듣자고 한 일은 아니지만 아들내외에게 노인을 인계할 때의 훈훈한 풍경을 조금은 느끼고 싶었던 것이 솔직한 마음이다.

세상이 변해 못된 자식이 많다 해도 팔순의 노모를 산에 혼자 두고 가는 사람은 없다고 믿고 싶다. 늙은 부모는 사회와 자녀들에게 소외되고 길에 내몰려도 원망의 말을 입에 담지 않는다. 얼마 전 포대기에 싸여 버려진 할머니도 끝까지 아들의 주소와 이름이 기억나지 않는다고 하였다. 나와 할머니, 아니 우리 모두는 내리사랑의 숙명을 버리지 못하는 이 땅의 어머니일 뿐이다.

노인은 외로움에 절어 대화할 누군가를 찾아 그곳까지 왔을 것이다. 그리고 매사 어수룩한 나와의 인연으로 잠시 외로움을 잊었으리라. 나는 또다시 늘어놓는 구차한 긴 변명을 들으며 어설프게 미소만 흘린다.

수다 한판

모처럼 만에 온천에 왔다. 사우나실로 들어가 한쪽에 조용히 앉았다. 자욱한 습기가 눈에 익자 대여섯 명의 아주머니들이 옹기종기 보였다. 명절 끝이라 가사 일에 시달린 주부들이 피곤한 몸을 쉬기 위해서 온 것 같다. 그들은 무엇이 그리 즐거운지 호기롭게 웃고 떠들고 수다를 떨며 무언가를 먹고 마신다.

누울 수 있는 자리도 없고 귀퉁이에 앉아 있으니 자연히 내 귀는 그녀들의 대화를 듣는다. 왁자하게 떠드는데 들어보니 특이하게도 주제가 술에 관한 것이다. 중년의 아주머니들은 무서울 것도 거칠 것도 없다. 이런 저런 이야기로 부산하던 중에 몸에 살이 많고 덩치가 큰 여자가 명절에 소주 세 병을 마셨다고 말한다. 그다음 수건을 쓴 마른 여자는 자신은 명절에 소주 한 병에 맥주 두 병을 섞어서 마셨다 호기롭게 말한다. 그 다음 여자는 온갖 종류의 술 이야기를 길게 하는데 가히 술에 대해서 일가견이 있다. 그녀는 또 술은 원 샷을 해야 술 먹는 기분이 난다고 한다. 더불어 술을 깨작거리면서 조금씩 나누어 마시는 사람을 가장 싫어한단다. 순간 마치 나를 두고 하는 말 같아 움찔 놀란다. 아마 명절음식 이야기를 하다 자신들도 모르게 대화가 술로 빠진 듯한데 나도 힘든 명절을 보내고 좀 쉬러 왔기에 짜증스럽다.

어쨌든 사우나실안의 사람들은 그녀들의 수다를 듣는다. 그렇게 이야기는 술에 관한 것으로 길게 이어지다가 자연스럽게 남편들의 험담으로 바뀐다. 뚱뚱한 그녀가 남편 이야기를 한다. 평소에는 지극히 얌전한 사람인데 술만 먹으면 이상해진단다. 가족을 때리고 괴롭히고 옷을 다 벗고 동네를 뛰어다니며 남의 집 담을 넘는다. 그 다음날 술이 깨면 빌면서 술을 먹지 않겠다고 맹세하지만 결국 그 행동은 계속된다. 평생을 시달리다가 도대체 술이라는 것이 어떤 것이기에 먹으면 그렇게 되는지 궁금해서 자신도 마시기 시작했단다. 그러다가 이제는 하루에 소주 두세 병을 마셔야 잠드는 애주가가 되고 말았다. 술을 많이 먹으니 살이 찌고 몸은 안 아픈 곳이 없을 정도로 망가졌다며 한숨소리가 커진다. 그녀의 목소리가 갑자기 사우나실의 습기처럼 촉촉이 젖는다. 남편을 원망하는 울음섞인 푸념이 더운 열기와 함께 격정으로 후끈 거린다. 아마 같이 온 일행들도 그녀 남편의 술버릇을 잘 아는 듯 모두 공감하는 분위기다.

수건 쓴 여자가 말한다.

"맞아 당신이 처음 시집을 왔을 때 얼마나 얌전하고 얼굴과 몸매가 고왔어. 그런 사람이 술이 없으면 못살게 되었으니 누가 원수겠어 남편이 원수지."

병속에 든 것이 물인 줄 알았는데 이제 보니 술인 것 같다. 컵에 따른 것을 나누어 마시다가 또 폭발하듯 울음을 섞는다. 참지 못하고 통곡하는 여자를 그의 일행들이 어깨를 두드리며 달랜다. 사우나실안은 벌거벗은 여자들의 한과 땀이 범벅되어 흘러내린다.

술 이야기를 하면 우리 아버지를 빼놓을 수 없다. 큰 됫병의 청주가 선물로 들어오면 하룻밤에 바닥을 보고야 마는 술꾼이었다. 맑은 정신이 없을 정도로 늘 취해 있었지만 그나마 다행인 것은 아버지는 주사가 없었다. 평소 조용하던 사람이 오히려 호탕해져서 잘 웃고 잘 웃기며 없는 호기도 부렸다. 우리에게 빨간 돈 일환짜리 몇 장을 쥐어 주실 때도 술이 거나하게 취했을 때다. 아버지에게서는 언제나 잘 익은 홍시냄새가 났다. 우리 집 골목에 홍시 냄새가 퍼지면 아버지가 오시는 것을 알았다. 밀밭 옆에만 가도 취해서 어지럽다는 엄마는 그런 아버지를 평생 이해하지 못했다.

술은 그리스의 디오니소스가 처음으로 만들었다고 전하기에 인류의 역사와 함께한다. 아마 곡물의 자연 숙성으로 인해 얻게 되지 않았나 싶다. 그러기에 신이 내려주신 선물로 여기며 인류는 힘들고 괴로울 때 술로 위로를 얻는다. 그러면 잠깐이지만 삶의 고비를 잊고 한세상을 살아간다. 아주머니들은 술을 원망하지만 따져보면 사실 술에게는 죄가 없다. 과도하게 마시는 사람이 문제지 술은 그저 술일 뿐이다. 그로 인해 병을 얻고 가정이 파괴되는 것은 옛날에도 있었고 현재도 많다. 특히 가난을 등에 업고 격동기의 고된 세상을 살아온 이 땅의 아버지들에게는 없으면 안 되는 위로제다.

올해는 유례가 없는 불황이라 한다. 경제가 어려워지면 술 소비가 늘어난다는 통계가 있다. 이 세상 어느 곳 어느 골목에 삶의 걱정이 없는 곳은 없다. 그러기에 한세상 살아내는데 과하지만 않다면 술은 좋은 음식이요 길동무다. 남정네는 남정네대로 여인네는 여인네대로 그렇게 힘든 한세상을 술로 생의 굽이를 넘어간다.

여자가 나이 들면 남성 호르몬이 증가해서 억세진다고들 한다. 그 말도 일리는 있지만 가정을 건사하다보면 여린 마음으로는 살아갈 수 없다. 아주머니들이 모처럼 꽉 조인 마음의 끈을 좀 풀어놓았다고 해서 그녀들을 나무랄 순 없다. 시간 속을 여행하는 우리에게 영원한 것은 없다. 높고 가파른 산길을 지날 때 바위 옆에 앉아 쉰다고 누가 뭐라 할까.

공공장소인 사우나실 안에서 술을 마시는 것부터 주변을 배려하지 않고 떠드는 것 모든 것이 마음에 들지 않았지만 한 생각 돌리니 교과서 적인 내 생각이 오히려 부끄럽다. 그렇게 엉킨 마음들을 수다 한판으로 풀어놓고 그들은 다시 생활에 복귀할 것이고, 술꾼 남편과 말썽꾸러기 자식들을 감당할 힘을 얻는다. 아무래도 한 잔의 술과 수다는 아줌마들에게 꼭 필요한 치료제인 것 같다.

아버지의 잔영

시월의 마지막 날, 대지에는 가을이 가득 내려와 있다. 이런 날은 집에 앉아 있지 못한다. 누가 부르는 것처럼 공원 쪽을 향해 걷는다. 티 하나 없는 청자 빛 하늘 아래는 색색의 단풍잎들이 투명하게 흔들린다. 노란 국화꽃 사이로 벌써 잎을 털어내고 있는 나무도 보인다. 낙화는 미련 한 점 남기지 않고 훨훨 날아 사뿐히 땅으로 내려앉는다. 단풍잎을 주우려 허리를 구부리지만 막상 성한 것을 찾으려면 마땅히 마음에 드는 것이 없다. 멀리 보면 모두 예쁜데 자세히 보면 벌레 먹었거나 구멍이 숭숭해 힘든 한세상을 살고 있는 우리 모습과 닮았다.

내 앞에 아빠의 어깨에 무동을 타고 가는 4, 5세 정도의 여자아이가 보인다. 젊은 아버지는 딸을 어깨 위에 태우고 갈지자걸음을 걷는다. 아이에게 더 많은 즐거움을 주려는 듯 마치 춤추

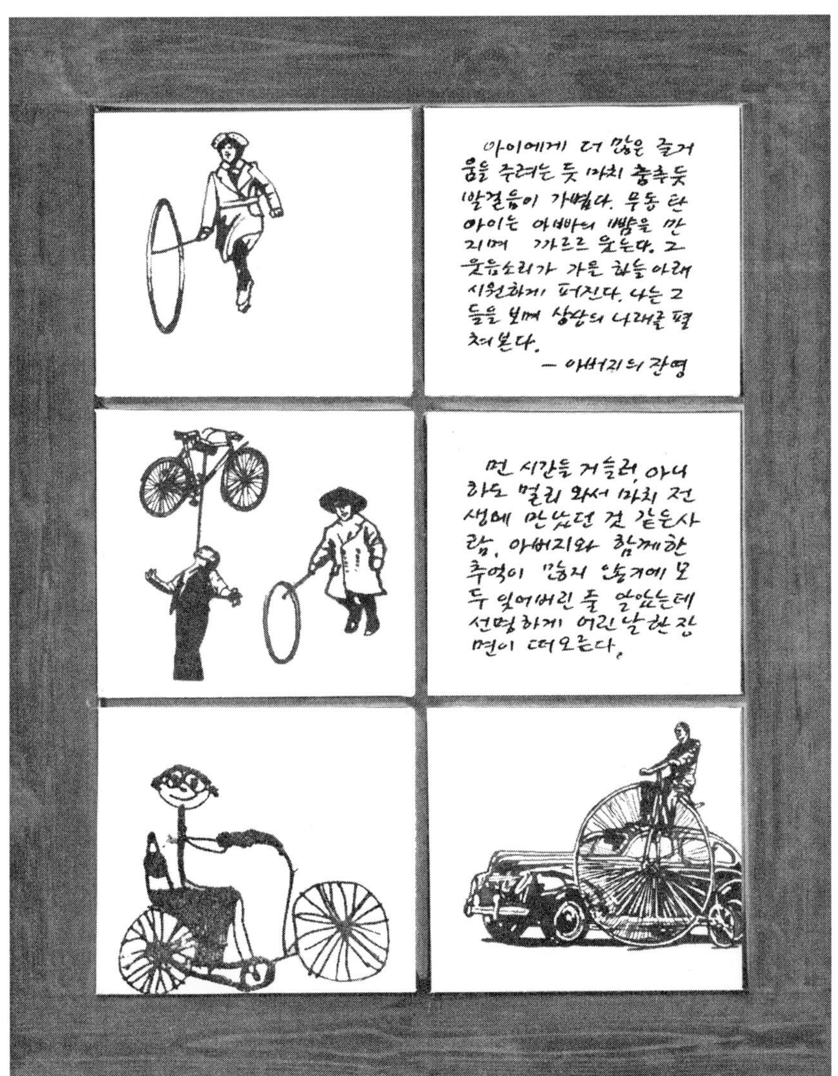

아이에게 더 많은 즐거
움을 주려는 듯 마치 춤추듯
발걸음이 가볍다. 무동 탄
아이는 아빠의 뺨을 만
지며 까르르 웃는다. 그
웃음소리가 가을 하늘 아래
시원하게 퍼진다. 나는 그
들을 보며 상상의 나래를 펼
쳐본다.
— 아버지의 잔영
먼 시간을 거슬러, 아니
하도 멀리 와서 마치 전
생에 만났던 것 같은 사
람. 아버지와 함께한
추억이 많지 않기에 모
두 잊어버린 줄 알았는데
선명하게 어린 날 한 장
면이 떠오른다.

듯 발걸음이 가볍다. 무동 탄 아이는 아빠의 뺨을 만지며 까르르 웃는다. 그 웃음소리가 가을 하늘 아래 시원하게 퍼진다. 나는 그들을 보며 상상의 나래를 펼쳐본다. 일요일 아침 느긋하게 일어난 가족은 아침을 먹는다. 엄마는 어린 동생을 돌보느라 집에 있고 아빠는 딸과 함께 산책을 나왔으리라. 아이는 평소에도 아빠의 어깨에 많이 올라본 듯 두려움 없이 자연스럽다. 머리를 약간 뒤로 젖히고 하늘을 바라보는 얼굴에는 형언할 수 없는 기쁨이 묻어난다. 서로의 손을 위아래서 잡고 동요를 함께 부르는 뒤를 홀린 듯 따라간다.

그 순간 세상 떠나신 지 반백년이 지난 아버지가 생각난다. 먼 시간을 거슬러, 아니 하도 멀리 와서 마치 전생에 만났던 것 같은 사람. 아버지와 함께한 추억이 많지 않기에 모두 잊어버린 줄 알았는데 선명하게 어린 날 한 장면이 떠오른다. 내 어렸을 때의 아버지들은 대부분이 무섭고 엄했다. 감히 아버지의 어깨를 탄다는 것은 생각지도 못하고 그 몸에 손도 마음대로 댈 수 없었다. 그나마 내 아버지는 격을 따지지 않는 민주적인 사람이었다. 유머감각도 풍부하고 술도 좋아했다. 맨손으로 시작한 피난살이는 고달팠다. 힘든 일을 하며 가족을 부양해야 했기에 한잔 술로 피로를 달래는 것이 유일한 낙이었다. 그러다보니 과음하는 날이 많았는데 엄마는 아버지가 술을 마시는 것을 무척 싫어했다. 하지만 나는 아버지가 취해 오는 것이 싫지 않았다. 그것은 아무에게도 말하지 않은 비밀이 숨어있기 때문이다.

처음으로 기억되는 그날은 일곱 여덟 살 정도 되었을 때다. 나는 그때 방바닥에 누워 온통 이곳이 어디일까를 생각하고 있었다. 나는 누구이며 움직이는 주변의 사람들은 모두 어디에서 왔는지 궁금한 것 투성이었다. 때로는 엄마의 면경 앞에서 그 속에 비치는 아이를 바라보며 먹고 말하는 이것이 무엇일까 그것을 골똘히 생각했다. 물론 내가 영리해서 그런 생각을 한 것은 아니다. 세상이 어떤 시스템으로 돌아가는지 얼마나 신비한지 이전에도 이후에도 몰랐기에 그저 거울에 비친 나라는 존재가 어떻게 여기 있는지 그것이 신기하고 궁금했다. 아마 그 나이 또래의 아이가 자라는 중에 겪는 과정이었을 것인데 그때나 지금이나 소심하여 누구에게 물어보지도 못했다. 그날 밤 아버지가 거나하게 술이 취해 들어오셨고 방바닥에 누워 눈을 감고 생각에 잠겨 있는 나를 번쩍 안아 들어올렸다. "이 녀석 못 본 사이 많이 무거워졌네" 하시며 내 뺨에 얼굴을 비비고 이불 속으로 옮겨주었다. 꺼칠한 수염과 홍시냄새가 났지만 싫지 않았다. 나는 자는 척했다. 어린 마음에도 깨어있다는 것을 말하면 안 될 것 같았다. 요 위에 나를 누이고 이불을 꼭꼭 눌러 덮어주던 손길, 그것이 무엇인지 몰랐지만 그날 밤 가슴은 알 수 없는 충만감으로 가득했다. 그 뒤부터다. 밤만 되면 오늘은 아버지가 술을 드시고 오실까. 그것을 기다렸다. 일부러 방 윗목 바닥에 맨몸으로 잠든 척 누워있기도 했다. 하지만 술을 드시지 않는 날은 표정 없이 방으로 들어 가셨다. 얼굴에는 늘 수심이 떠나지 않았고 무언가 걱정이 많다는 것을 아이도 느꼈다. 나중에 안 일이지만 적은 수입으로 살다보니 빚을 지게 되었고 억울한 누명까지 쓰고 직장을 잃고 공원으로 출퇴근을 했다고 들었다. 그렇게 배회할 때도 가족에게 내색하지 않았다.

물론 이불 속으로 나를 옮겨 누이던 순간은 많지 않다. 생을 통틀어 네 번 아니면 다섯 번이었을 그 기억이 평생 마음속에 자리 잡았다. 아버지가 나를 들어 올릴 때의 느낌은 딱히 무어라 표현하기 어렵다. 공중으로 몸이 부양하나 싶으면 내 작은 팔다리가 기분 좋게 흔들리고 소중한 보물을 다루듯 요위에 가만히 누인다. 이불을 목까지 덮고 꼭꼭 눌러줄 때의 기분은 구름을 탄 듯하다. 특히 자랐다는 표현을 하지 않고 많이 무거워졌다고 한 것은 평소 충분히 먹이지 못한 미안함이 담긴 말이었다는 것을 이제는 안다. 단추 하나를 누르면 나오는 화면처럼 그 짧은 기억은 재생되고 또 재생되어 내 삶과 함께한다. 다른 형제에게도 그런 순간이 있었는지 알 수 없지만 나만의 소중한 추억이기에 누구에게도 말하지 않았다.

나름대로 열심히 살았다 싶었는데 되돌아보니 세상에 대해 미안함 뿐이다. 친정 부모에게 따뜻한 밥 한 끼 지어드리지 못했고 용돈 한 번 드릴 기회가 없었다. 어느 정도 경제가 안정되었을 때 두 분은 이미 없었다. 작은 지혜만 있어도 존경하고 사랑한다는 마음을 전할 수 있는데 결과만 기다리다 기회를 놓쳤다. 아이들 키울 때도 그 흔한 무동 한 번 태워주지 못했다. 사실 돈 드는 일도 아닌데 자라는 순간을 함께하지 못했는지 후회가 많다. 이제와 미안하다는 말을 입에 달고 사니 부족한 자식이고 부모였다. 온통 생에 대한 궁금증으로 가득했던 아이는 이제 삶의 때가 너무 묻었다. 신기하고 궁금하던 세상도 시들하고 눈앞에 와있는 노년도 어떻게 보내야 할지 걱정이다.

아빠의 어깨 위에서 웃고 있는 저 아이는 자라서 분명 오늘을 기억할 것이다. 높은 곳에서 바라보는 세상이 얼마나 아름답고 신비한지, 또 아빠의 등이 든든했는지, 살다보면 힘들고 지친 날이 있을 것이고, 그럴 때 아이는 그 어깨를 기억하며 사랑받고 자랐음을 알게 될 것이다. 반백년이 지난 지금에도 한잔 술에 의지하여 안아주던 아버지의 잔영이 가슴에 저장되어 있어 참 다행이다.

생가 터

이름이 알려진 유명한 사람들의 고향집을 더러 가 보았다. 추사 김정희의 생가도 가보았고 다산 선생의 고향도 돌아보았다. 하나같이 양지바르고 아늑한 곳으로 잘 정돈되어 있다. 얼마 전 문우들과 청주지역을 돌아보며 운보 김기창 화백의 집을 둘러보았다. 고증을 거쳐 지었다는 한옥은 주인이 떠나간 것을 모르는지 환한 햇살 아래서 의젓했다. 마당에 널려있는 온갖 모양의 괴석과 꽃들은 함박웃음을 머금고, 금방이라도 노 화백의 빨간 양말이 문지방을 넘을 것 같다.

사람이 태어나 인류를 위해 큰일을 하거나 그 삶이 본받을 만하면 그들이 태어난 곳이나 자랐던 곳을 보존하여 역사의 한 장으로 만들고 기념한다. 그런 것을 통해 우리 삶을 반추해 볼 수 있기 때문이다.

직지박물관을 거쳐 몇 곳을 돌아보다 벽초(碧初) 홍명희 선생의 고향집을 찾을 즈음엔 산자락에 석양이 내려오고 있을 때다. 보통 유명한 관광지나 생가 터를 찾으면 안내문이 친절하게 여러 곳에 붙어 있는데 내가 갔을 때 벽초의 고향 길은 그 흔한 안내 표지판 하나 없다. 물어 물어서 길을 찾아 들어가다 보니 산자락 끝에 곧 허물어질 것 같은 누옥 한 채와 최근에 세웠다는 작은 비석을 겨우 발견할 수 있었다.

해방을 전후로 많은 지식인들이 납치되거나 혹은 자진해서 북으로 갔다. 홍명희 선생도 그때 북쪽으로 간 사람이다. 그는 1888년 충북 괴산에서 태어나 할아버지는 이조판서 아버지는 군수였으니 조선의 명문가 자제였다. 5살 때부터 천자문을 배우고 소학을 읽고 시를 지었다 들었다. 한때는 춘원 이광수와 육당 최남선과 함께 조선의 3대 천재로 회자되기도 하였다. 조선 말기에 태어나 외세의 침입과 일제의 36년 속국을 겪었기에 그분의 민족관은 남달랐지 않나 싶다. 그의 소설 임꺽정의 내용을 보면 신분제도 때문에 고통당하는 힘없는 백성의 한과 서러움을 그리고 있다. 그는 양반과 천민이 없는 사회, 부자와 가난한 자의 구별이 없는 평등한 사회를 꿈꾸었는지 모른다.

벽초는 1946년 소설『임꺽정』6권을 간행하고 남북조선 사회단체 협의회에 참석하기 위해 평양으로 갔지만 돌아오지 않았다. 그곳에서 부수상이라는 높은 지위에까지 올랐기에 나름대로 자신의 꿈을 펼치려고 노력했는지 모른다. 막스 레닌의 공산주의사상은 이론적으로는 그럴 듯하다. 하지만 인간 세상에 진정한 평등이란 존재하기 어렵기에 그 사상은 20세기에 태어났다가 거의 소멸되었다. 지도자와 당 간부를 제외한 평등이란 애초부터 있지도 않았기 때문이다. 북한만이 아직도 모두가 동무, 내지는 평등이라는 구호로 인민을 묶어 놓고 권력을 유지하지만 사람들은 학정의 피해자일 뿐이다. 결국 세계에서 가장 자유가 없고 가난한 나라로 낙인찍혀 동족으로서 가슴 아프다.

시댁의 고향은 경남 산청군이다. 그곳은 지리산 밑의 한 자락이기에 전쟁이 가장 치열했던 곳이다. 그때 시댁에도 북한군이 머무르게 되었다. 아버님과 시숙은 피신해 숨었고 집안에는 여자와 아이들만 남아있었다. 그들에게 가축을 빼앗기며 어쩔 수 없이 퇴각할 때까지 함께 생활했다. 하지만 인민군이 물러가고 국군이 들어왔을 때 시아버지에게는 협조했다는 죄목이 주어졌다. 힘없는 백성은 그래서 또 다시 살아남기 위해 온갖 수모를 겪었다. 굴을 파고 숨어 있기도 하고 미처 다급할 때는 화장실 밑창 나무판에 매달려 악취를 견디어야 했다. 그 후유증으로 병을 얻어 아버님은 어린 7남매를 남기고 세상을 떠났다.

그 동네에는 밤사이 온다 간다 말도 없이 사라져 버린 남자들이 많았는데 잡혀 총살당하거나 아니면 북으로 넘어갔다. 그때만 해도 어떻게 왔다 갔다 할 수 있는 통로가 있었는지 더러는 밤을 도와 가족에게 불쑥 나타나기도 하였다. 그러면 그 아내는 임신을 하고, 바람을 타고 소문은 나게 마련이라 동네에서는 빨갱이가족이라는 손가락질과 함께 갖은 고초를 겪어야했다. 전쟁을 일으켜 분단된 조국을 만들고 고통을 안겨준 것에 대한 책임을 지는 사람은 없고 이산의 아픔과 가난만이 힘없는 백성의 몫이었다.

내 유년은 반공교육을 엄격하게 받은 세대다. 북한 군인을 괴뢰군, 지도자를 괴뢰도당이라 배웠기에 그들의 수령은 도술을 부리는 너구리쯤으로 생각되어 공포의 대상이었다. 어릴 때의 교육은 정말 중요한가 싶다. 북한 동포를 도와야 한다며 곡식과 달러를 보내는 지금의 현실을 걱정의 눈으로 바라본다. 소 떼가 판문점을 넘어가고 흩어진 이산가족들도 만나 웬 만큼의 갈증도 풀었으니, 걱정을 놓아도 좋으련만, 그들에게 간 곡식과 돈이 우리를 죽이는 화포가 되지 말란 법이 없다. 그렇게 머뭇거리는 사이 많은 사람이 다녀온 금강산 구경도 못 갔지만 세상 참 좋아졌다는 것을 실감한다. 불과 얼마 전만 해도 월북한 작가의 고향을 감히 찾아볼 수 있었겠는가. 어쩌면 그의 작은 비석 앞에 서 있는 것만으로도 신분조사를 당했을지 모른다. 이제와 생각하니 누가 어떤 사상을 가졌던 그것은 분단된 조국을 가진 백성들의 한과 비극일 뿐이다.

만인의 존경과 사랑을 한 몸에 받으며 살다 떠난 운보 선생의 집은 그 밝음이 당당한데 비해 그렇게 보아서 그런지 벽초의 고향집은 주변의 나무들조차 쓸쓸해 보이고 옷깃을 스치는 바람에도 외로움이 묻어있다. 누구의 삶이든 명암은 있게 마련이기에 나는 그가 민족의 가난을 아파한 한 사람의 작가였다는 것만 기억하고 싶다. 바라보니 먼지가 가득한 마루에 누가 들여놓았는지 어울리지 않는 낡은 러닝머신 한 대가 앉아있다. 삐거덕거릴 것 같은 검은빛의 마루와 묘한 대조를 이룬다. 해는 서산자락에 걸려 어두워지는데 어디로 가는지 모를 바람 한 자락이 마당을 쓸며 지나간다.

아홉 개의 나사못

설핏 잠이 들었나보다. 누가 흔들어 깨워 눈을 뜨니 전철 안 사람들이 모두 나를 쳐다보고 있다. 옆자리의 아주머니가 손가락으로 입을 가리키기에 무심코 만지니 입 주변과 옷에 온통 피가 흘러있다. 놀라서 얼른 닦긴 했지만 무슨 흡혈귀처럼 대낮에 피를 물고 있는 모양새가 부끄러워 중간에서 내리고 말았다.

겨울은 저만큼 물러간 것 같은데 바람은 차갑다. 마취가 채 풀리지 않은 볼과 입술은 뻣뻣하게 굳어 감각이 없다. 입안 가득 피를 물고 바라본 거리는 평소와 다르게 좀 낯설어 보인다. 이상한 나라의 엘리스처럼 늘 보던 빌딩과 집들이 휘어지고 흔들리며 움직이는 것 같아 난간을 붙잡고 우두커니 서 있다.

50을 넘어서며 내 어금니는 몇 개 남지 않았다. 아이를 낳을 때마다 한두 개씩 썩는 것을 그대로 두었더니 순서에 따라 잘도

썩었다. 경제적인 여건과 시간, 그리고 여러 가지 사정으로 치료를 못하고 지내다 견딜 수 없을 만큼 아프면 빼 버리곤 했다.

오늘아침에 집을 나오며 임플란트 수술을 할거라는 말을 차마 못했다. 임플란트(implant)란 치아가 없는 곳에 인공 기둥을 만들어 의치를 세우는 것인데 나사못 같은 쇠를 잇몸 뿌리에 심는 수술이다. 틀니를 안 해도 된다는 말에 그 방법을 선택하긴 했지만 치료하는 과정은 복잡하고 고통스럽다.

쇠뿌리를 심어 7, 8개월 굳어지는 과정을 기다려야하고, 또 그 나사못 위에 새로 솟아난 살을 제거하는 수술을 한다. 그것이 단단하게 자리를 잡으면 치아모양의 의치를 만들어 끼운다. 그 과정이 2, 3년 걸렸는데 오늘 마지막으로 도합 아홉 개의 나사못을 심었다.

얼굴에 푸른 천이 덮이고 의사가 마취를 시작하면 나는 언제나 똑같은 생각을 한다. '아홉 개의 나사못이 박힌 두개골' 먼 훗날 누군가 그것을 발견하게 된다면 좋은 연구대상이 될지도 모른다. 고대 이집트 유적에서도 당시 뇌수술을 했다는 증거를 옛사람의 두개골에서 찾아내지 않았던가.

내 몸은 선천적으로 약하게 타고났다. 어머니가 나를 임신하고 생활고와 입덧으로 열 달을 굶다시피 했다하니 그 후유증인지 힘든 일도 못하고 피로도 빨리 느낀다. 또 몸 안에 결석이 생기는 것은 단골 병역이다. 혹이며 결석 때문에 여러 번 죽을 고비를 넘겼다. 남편의 말을 빌리면 그동안 들인 치료비가 내 몸 부피보다 클 거라는 말을 자주 한다. 그 말이 듣기 싫어 오늘은 아예 수술한다는 말을 안 했다.

스님들은 오랜 참선생활을 하면 정신의 결집으로 오색영롱한 사리가 생겨 중생에게 큰 가르침을 주는데 나는 걸핏하면 쓸모없는 돌이 몸에 생겨 사경을 헤맨다. 최근에는 수뇨관에 큰 돌이 끼어 대수술을 하고 죽을 고비를 넘겼다.

사실 이번 병원 길에서는 집으로 다시 돌아올 거라는 자신이 없었다. 무엇부터 먼저 정리를 해야 할지 허둥거리다 아무것도 못하고 입원을 했다. 높은 열이 계속되어 수술도 못하고 근 보름을 넘기며 이제 삶의 끈을 놓게 되는구나 싶었다. 혼미한 그 상황에서도 걱정은 남아 아직 짝을 채우지 못한 아이들과 누군가 치우면서 혀를 찰 허접쓰레기 살림살이들을 걱정했다.

병원에 가보면 세상에는 아픈 사람뿐인 것 같다. 모두는 삶이라는 레일 위에서 이탈되기 싫어 힘든 치료과정을 견딘다. 그럴 때 인간은 약하면서 또 강하다. 몸에 온갖 줄을 주렁주렁 매달고도 잘 참아내고 나사못을 아래, 위턱에 가득 박고도 더 나은 내일을 기다린다.

지독히 말 안 듣는 아이처럼 집에서 쉬라는 의사 말을 무시하고 찬바람을 맞으며 낯선 길을 돌아다닌다. 치과에 다녀오다 헤매 다니는 습관은 젊었을 때부터 있었다. 어금니를 빼고 솜을 한 입 가득 물고 계단을 내려오면 늘 보던 풍경이 생소해 보이고 알 수 없는 서러움이 차 올라와서 집으로 가고 싶지 않았다. 그래봐야 내가 갈 수 있는 곳은 시장뿐이다. 자잘한 것들을 놓고 파는 가게를 기웃거리며 사지도 못할 물건을 만져보거나, 아니면 먹으면 안 되는 뜨거운 죽을 홀짝거린다.

힘겨운 등산을 하다 어느 순간 올라온 길을 뒤돌아보듯이 몸이 아파서야 지금 서 있는 지점과 남아있는 시간을 생각하게 된다. 뛰고 달려도 우리가 내릴 곳은 정해져 있다. 돌아보면 눈물뿐이어서 서러웠던 세월이었다. 겨우 힘든 시간들을 지났나 싶은데 여기저기 몸은 고장을 일으켜 삐그덕거린다.

간호원이 건네준 얼음을 볼에 끼우고 의자에 앉아 휑하게 열린 하늘을 본다. 나무 사이를 옮겨 날아오르는 까치는 나뭇가지를 물고 나르느라 바쁘고, 물위에 떠있는 오리 몇 마리도 먹을 것을 주는 사람을 찾아다닌다. 그들에게 무언가 주고 싶어 가방을 뒤져보지만 아무것도 없다. 일어나 사다 줄까 생각하다 움직이는 것조차 귀찮아 눈을 감는다.

길 저쪽에서 차가운 바람 한 자락이 불어온다. 그래도 코는 말짱해서 바람 끝에 묻어오는 상큼한 봄 냄새를 맡을 수 있으니 얼마나 다행인가. 언제든 부르면 가야할 몸을 껴안은 채 바쁜 듯 뛰어다닐 수밖에 없는 삶이라는 것. 나는 부은 볼 안에 가득 피를 물고서 아홉 개의 나사못과 덤으로 얻은 시간을 어떻게 써야 할지를 생각한다.

가을 그리고 오늘

엘리베이터 안에서 아래층 남자를 만났다. 인사를 나누다 그는 갑자기 내게서 가을 냄새가 난다고 한다. 아마 갈색의 옷 때문인 것 같은데 그 말 한마디가 발걸음을 가볍게 한다. 하늘을 가로질러 걸려있는 하얀 구름조각을 바라보며 고개를 젖히고 걷는다. 전철로 향하는 길에는 이제 막 생의 시간을 접은 잎들이 낙엽 되어 하나둘 떨어지고 있다. 그제야 또 한 번의 가을이 곁을 지나가고 있음을 절감한다.

전철 속에서 몇 편의 수필을 읽는다. 한강다리 위를 지날 때는 그 사이 더 깊어진 강물을 내려다본다. 안국역에 내려 가파른 계단을 올라 강의실로 들어선다. 그곳에서 만난 문우들의 얼굴과 옷차림에도 가을이 가득 들어와 있다.

수업이 끝나고 점심을 먹고 차를 마시면서 가을과 수필과, 단풍

그리고 만추 앞에 서 있는 시간들을 이야기한다. 찻집을 나와 헤어지기가 싫어 길옆에 서서 미적거린다. 마침 한 정거장 거리에 있는 미술관으로 가자는 한 문우의 제안을 기다렸다는 듯이 받아들인다. 붕어빵을 사서 나누어 먹으며 가로수 아래를 걷는다. 온갖 공해와 매연 속에서도 의연히 물들고 있는 붉고 노란 잎들이 대견해 보인다.

한해살이를 끝낸 생명은 그렇게 편안히 마지막 시간을 채색하고, 있음에서 없음으로의 회귀를 준비하고 있다. 낙엽 하나를 주워 손바닥에 올린다. 무리 속에 있을 때는 아름답더니 자세히 보니 성한 것이 하나도 없다. 황하사 모래알보다 많을 것 같은 낙엽 중에 이 가을 처음으로 내게로 온 잎 하나는 벌레 먹고 구멍은 숭숭해서 세상속의 내 모습을 닮았다. 던져 버리려다 책갈피에 끼운다.

무엇 하나 내세울 만한 것을 갖지도, 얻지도 못한 채 세상의 한 귀퉁이에서 서성이며 오늘을 산다. 내일 사라진다 해도 아쉬워할 것 아무것도 없는 삶, 한 점 바람에 미련 없이 떨어지는 낙엽과 무엇이 다르랴. 때론 잘난 척 행복한 척 보호색을 칠해 보기도 하지만 이제 그 마음도 버리려 한다.

화랑의 전시 작품은 마침 김창열 님의 물방울 그림이다. 늘 한 번 가까이 보기를 원했는데 문을 밀고 들어서자 수많은 물방울들이 투명한 모습으로 벽 하나 다가온다. 그림에 문외한인 내 눈에도 그 그림들은 다정하고 편안하다. 「회귀」라는 제목 아래 갈색의 마포 위에 점점이 찍힌 물방울은 금방이라도 흘러내릴 것 같다. 때로는 어지러이 때로는 질서 있게 찍혀있는 모습은 물과 눈과 얼음으로 순환하는 생명의 의미를 담았다.

생이 저 작은 물방울에서 시작되었으니 그 한 생각을 표현으로 승화시킨 작가의 역량이 존경스럽다. 물이 되고 얼음이 되고 눈이 되니 그 모두는 이름만 다르게 부를 뿐 하나다. 우주의 시간으로 계산하면 생명이 생겼다 사라짐은 찰나라 한다. 그러기에 가고 옴의 시간에 의미를 두는 것은 마음이 만든 허상이다.

미술관을 나와 경복궁 뜰을 걷는다. 동행한 문우는 장성한 아들을 사고로 잃은 슬픔을 조심스레 이야기한다. 그 한마디는 저 단풍보다 더 붉은 빛으로 내 가슴에 전이되어 통증으로 변한다. 이 세상 어떤 아픔도 자식을 잃은 어머니 마음에 견줄 수 없다. 꼭꼭 숨겨둔 가슴을 스스럼없이 열어 보일 수 있는 것도 순한 가을날 때문이다.

계절은 생명들의 온갖 사연을 뒤로하고 흘러간다. 앞으로 얼마나 더 저 높고 맑은 하늘을 볼 수 있을지는 알 수 없지만 어릴 적 굵은 설탕이 가득 붙은 사탕을 소중히 아껴먹듯 내 앞의 가을을 맞이한다.

아직도 꿈꾼다

한국 춤을 좋아하여 배우고 있다. 그 얼굴 그 몸에 춤을 춘다고 하면 웃을지 모른다. 하지만 세상의 모든 것은 자신만의 개성이 있듯 내가 좋아하고 배우고 싶은 것이 춤이다. 돌아보면 무얼 하다 시간을 써버렸는지 기억도 없는데 어느새 칠십 고개가 저기다. 이제 생의 후반부도 지났으니 내 인생이 미완성으로 끝날 것을 예감한다. 그러기에 남은 시간은 좋아하는 일을 하며 살고 싶다. 사람은 그 생김새가 다른 것 같이 좋아하는 것도 다르다. 운동을 좋아하는 사람이 있나하면 미술, 음악, 노래, 각자가 즐겨하는 것을 택해 결국 그 길을 가게 되어있다. 어릴 때 무용을 배우고 싶다고 엄마에게 말했다가 "기생 될래" 하며 호되게 꾸중을 들었다. 그래서 호시탐탐 집을 떠나려고도 했지만 예나 지금이나 의지가 약해 그 마음을 접고 여기까지 왔다.

어릴 때 무용을 배우고 싶
다고 엄마에게 말했다가 "기
생 될래" 하며 호되게 꾸중을
들었다. 그래서 호시탐탐 집을
떠나려고도 했지만 예나 지
금이나 의지가 약해 그 마음
을 접고 지금까지 왔다.
— 아직도 꿈꾼다
어느 민족이나 그에 맞는
민속춤이 있지만 우리 민족
은 마음의 한을 몸으로 표현
하는 능력이 탁월하다. 삶
의 고단함을 몸짓으로 또 소
리로 표현하고 그것을 계
승하며 우리만의 독특한
문화를 만들었다.

얼마 전 친구들과 양재동의 한 극장에 갔다. 그곳에서 한국 춤 공연을 보았는데 거의가 5, 60대의 노인들로 구성되었다. 그들 역시 늦어서야 자신의 꿈을 실현하기 위해 춤을 배우고 마침내 무대에 섰는데 전문가 못지않은 실력이다. 화려한 의상을 입고 오색의 조명아래 궁중무며 살풀이를 추는데 뛰어올라 한바탕 같이 어울리고 싶었다. 어느 민족이나 그에 맞는 민속춤이 있지만 우리 민족은 마음의 한을 몸으로 표현하는 능력이 탁월하다. 삶의 고단함을 몸짓으로 또 소리로 표현하고 그것을 계승하여 우리만의 독특한 문화를 만들었다. 느리게 빠르게 흐느끼듯 잦아들다가 마지막은 신명나게 자진모리를 밟는다. 그럴 때 내 몸과 마음은 신 내린 듯 무아가 된다.

요즈음은 동네마다 문화원이 있어 마음만 있으면 적은 비용으로 얼마든지 배울 수 있다. 춤, 노래, 서예, 미술, 원하는 취미를 찾을 수 있는 좋은 세상이다. 나 역시 그 덕으로 여러 가지 종목을 익히고 이제 부채춤이며 살풀이까지 배웠다. 물론 팔은 오십견으로 자유롭지 않지만 가락에 몸을 맞기면 아픔과 근심은 사라진다. 우리 동네에는 나 같은 아주머니, 할머니가 많다. 한세상을 자식바라지로 살다 이제 여유를 얻어 취미로 춤을 배운다. 뒤에서 바라보면 어떤 이는 제법 버들가지 바람에 흔들리듯 유연하고 어떤 이는 뻿뻿하기가 장작 같지만 그래도 열정은 젊은이 못지않다. 가끔은 회원들이 자비로 돈을 모아 무의탁노인들이 거주하는 요양원에 위문공연(?)을 간다. 말이 위문이지 춤추는 이도 노인이고 구경하는 사람도 노인들이다. 모처럼 그날은 화장도 곱게 하고 한복도 예쁘게 입는다. 봐주는 사람은 치매든 노인 몇 분이 전부지만 춤추는 순간만은 그곳이 화려한 무대라 생각한다. 요양원 노인들은 대개 몸이 불편하여 누웠거나 휠체어를 타고 있다. 격동기 시대에 태어나 평생을 노동으로 살아온 이 나라 어른들의 만년 모습이다. 서툰 춤이지만 한두 곡 추어드리고 준비해간 떡이며 과일을 나누어 먹으면 무척 좋아한다.

그곳 할머니 중에 별명이 '태극기할머니'라는 분이 계신다. 그 분은 연세가 구십이 넘었는데 '대한독립'이라는 말만 들으면 '만세' 하고 팔을 올린다. 자녀들이 북쪽에 있다는데 치매가 있어 이산가족 만남에도 가지 못한다. 누구에게든지 반가움의 표시를 그렇게 하는데 요양사가 '대한독립'을 외치면 열 번이고 백번이고 만세를 부르니 할머니로 인해 웃음이 가득하다. 일제 강점기에 태어나 한세상 얼마나 힘겹게 살며 독립을 꿈꾸었으면 다른 것은 다 잊어도 만세 그 한 가지를 기억할까. 안쓰러워하면서도 그 모습을 또 보려고 대한독립을 외치면 노인은 어김없이 만세로 답한다. 그런 분과 잠깐씩이라도 만날 수 있는 것도 그간 배운 무용덕택이라 생각한다.

얼마 전 공옥진 여사의 살풀이춤을 보았다. 중풍을 앓아 불편한 몸이지만 마지막 의지를 온몸으로 불태우며 춤을 추고 있었다. 얼굴은 일그러지고 등이 굽었어도 그녀에게 몸이 어둔하다고 탓하는 사람은 없었다. 죽을 때까지 자신의 꿈을 표현할 수 있는 정신은 인간만이 가능하다. 늦었다 후회 말고 몸이 움직이는 한 무엇이든 배우고 익혀야 한다. 가끔 이런 생각을 할 때가 있다. '나는 전생에 무엇이었을까.' 평생 해온 부엌일은 아직도 서툴고 어설픈데 좋아하는 것은 글쓰기와 춤추기다. 또 이제 가야금도 배우려고 생각중이니 믿거나 말거나 내가 사랑하는 그녀, 황진이의 후예가 아니었을까싶다. 늘 숨죽이는 감정의 골밑 어디쯤에 그런 욕망이 숨겨져 있는지 알 수 없지만 못다 한 꿈이 서러워서 오늘도 긴 명주수건을 들고 살풀이 가락에 몸을 기댄다.

그들이 살아갈 세상

눈이 쌀가루처럼 포근히 내려 쌓인 날, 딸이 제왕절개로 아들을 낳았다. 오늘 이 병원에서 태어난 아기가 열댓 명 정도 된다. 신생아실 앞에 서서 창 너머 아기들을 쉼 없이 바라본다. 어쩜 하나같이 예쁘게 잘생겼는지 안으로 들어가 마음껏 안아보고 싶다. 분홍빛 피부에 까만 머리, 고물거리는 몸놀림, 우렁찬 울음소리까지, 어제까지 없던 생명체가 눈앞에 있으니 신기하기만 하다. 아이들 숫자가 나날이 줄어 국가적으로 걱정이 많은 때에 태어난 아이들이라 더 귀하고 사랑스럽다.

나와는 무려 70여 년의 세월 차이가 나는 아기들, 그들이 살아갈 2, 30년 후의 세상은 어떨지 강보에 싸여 있는 새 생명을 보며 만감이 교차한다. 시작은 같은 날 했어도 그들 앞에 펼쳐질 인생 여정은 같을 수 없다. 그중에는 나라를 경영하는 큰 인물이 나올 수도 있고 아니면 사회적인 걱정을 만드는 사람도 있을 수 있다. 모두 행복하기를 빌어보지만 그들 앞에 펼쳐질 여로가 결코 만만하지 않음을 안다.

지금 대한민국에 태어난 아기들은 복이 많은 세대들이다. 공부하기도 직장구하기도 어렵다고 하지만 옛날에 비하면 모든 것이 다 준비되어있다. 선조들이 뿌린 피로 개국 후 그 어느 때보다 질 좋은 삶을 누리고 있다. 먹는 것이며 입는 것은 풍요를 넘어 넘쳐난다. 종교의 자유가 있고 마음만 먹으면 어디든지 살 수 있고 갈 수 있다. 전철을 타고서도 드라마를 보고 인터넷을 하고 통화를 한다. 내 손으로 대통령도 뽑고 국회의원도 뽑는다. 싫다 좋다 내 의사를 분명히 할 수 있으니 법만 잘 지킨다면 무한의 자유가 그들 앞에 있다. 하지만 걱정도 많다. 명예와 부를 얻기 위해 이웃과 친구와 경쟁해야 하고 잘살기 위해 뛰어야 한다.

내가 살아온 한 세상은 마치 전생의 일처럼 멀고 아득하다. 전쟁으로 폐허가 된 아무것도 없는 곳에서 시작했으니 살기 위해 고군분투했다. 피난민으로 가득했던 부산은 지금 생각하면 길에 깡통을 든 아이들이 떠돌아다니는 이상한 나라였다. 산 위의 천막에서 초등교육을 받았고 방과 후에 나무토막이나 깡통, 유리조각을 주우러 다녔다. 사회기득권이나 특수 직업을 가진 몇몇을 빼고 대다수의 생활은 너나없이 똑같았다. 미국에서 보내온 헌옷을 입고 그들이 먹던 우유가루와 꿀꿀이죽을 먹었다. 나는 언니와 함께 교회에서 안남미를 얻어오고 꿀꿀이죽을 사기 위해 길게 줄을 서야 했다. 먼지가 날리던 신작로 옆으로 조개껍데기 같은 작은 집들, 그래도 다행인 것은 개울물은 맑았고 바다에는 손만 넣으면 조개며 고둥이 가득 들려 나왔다. 산에는 나물이 지천으로 늘려있었고 자연 속을 마음껏 뛰어다니며 놀았다.

어느 날부터 냇물이 더러워지고 바다와 개울에는 고기가 줄었다. 가두리니 양식이니 하는 낯선 단어가 생기고 데모며 아파트니 하는 말들도 그때 처음 들었다. 지금은 음식도 외국에서 들여오는 것이 많고 수많은 가짓수의 생필품이 있어 생활은 편해졌는데 사람의 마음은 여유가 없다. 아이들은 쳇바퀴 같은 아파트생활과 학원을 돌며 누군가를 이겨야 내가 산다는 논리를 배우고 있다.

자고나면 새로운 물건이 출시되니 자동차가 날아다니는 것도 머잖아 보게 될지 모른다. 혹자는 지금보다 좋아진다지만 국제 정세를 볼 때 안심하기가 어렵다. 중국은 하루가 다르게 거대해지며 우리를 곁눈질하고 북한은 호시탐탐 도발을 멈추지 않는다. 국가 채무는 일인당 1천만 원이 넘었다고 하고 아이가 자라 성인이 되기까지의 뒷바라지는 갈수록 늘어난다. 그러니 아이 낳기를 피하고 고령화의 과정을 피할 수 없다. 전국적으로 한 자녀 더 낳기 운동을 벌이고 있지만 성과는 오리무중이다. 경제와 육아와 모자 건강이 국가적으로 해결되지 않고는 새로운 생명이 태어나 자라기가 점점 어려워진다. 이대로 가면 젊은이 한 사람이 노인 네 명을 부양해야 된다니 그 말을 듣고 있는 노인들 마음도 편치 않다.

경제가 어렵고 사람 키워내는 일이 힘들어도 우리는 그 일을 멈추면 안 된다. 꼭 국가적 과제가 아니라도 한 생명으로 와서 이 세상을 눈으로 볼 수 있다는 것은 큰 행운이다. 고 천상병 시인은 한세상 살다가는 것을 소풍에 비유했다. 이 나이가 되어서야 그 말의 깊은 뜻을 알게 되었다. 산다는 것은 미로의 숲을 헤쳐가는 것과 같지만 생을 받지 못했다면 저 하늘빛과 망망한 바다를 어떻게 알 수 있을까. 존재했기에 알고 느낄 수 있고 간직하고 떠날 수 있다.

무엇 한 가지 변변한 것이 없는 부족한 할미지만 갓 태어난 손자에게 해줄 수 있는 말이 있다면 삶을 여유를 가지고 바라보라 말하고 싶다. 그러면 자잘한 걱정은 하나의 과정이고 전체적으로는 행복과 감사뿐이라는 것을 알게 된다. 솜털같이 부드러운 아기를 가슴에 안아본다. 이 아이를 얼마나 더 안아볼 수 있을지는 신만이 아시겠지만 그들이 살아갈 세상은 분명 오늘보다 나을 거라는 희망을 기대해본다.

짝사랑

친구들 모임에 나가서 손자 자랑을 하면 벌금내고 하라고 한다. 아니면 오히려 돈을 보태 줄 테니 그만하라 말한다. 물론 웃으려고 하는 말이지만 그 속에는 손자자랑 백년 해야 소용없다는 자괴감이 묻어있다. 가끔은 손자손녀 자랑을 원 없이 하고 밥 한 끼 사는 사람도 있는데 오늘은 나도 손자 이야기를 해보고 싶다. 토요일은 한준이를 보러가는 날이다. 이제 세 돌을 지났으니 한창 예쁠 때다. 일주일에 한 번은 같이 보내겠다는 혼자만의 약속을 정해놓고 가능하면 지키려 한다. 할미 얼굴을 낯설지 않게 하기 위함이지만 며느리가 늦은 나이에 힘들게 낳았기에 그만큼 더 귀하고 사랑스럽다.

이 세상에 그 어떤 보석과 꽃이 사람의 아기보다 예쁠까. 티없이 맑은 눈을 깜박거리며 웃어주고 고사리 같은 손을 내밀 때의 순간이 바로 천국의 마음이다. 나날이 무언가 한 가지씩 배워가며 마침내 바이바이까지 익혀 손을 흔들 때 생명의 신비와 존귀함이 그 속에 있다. 아이의 마음에는 의심이라고는 없다. 그런 눈에도 언젠가는 근심걱정이 끼어들고 욕심이 생길 것을 생각하면 다가오는 시간이 두렵다. 큰손녀들 역시 그렇게 귀하고 밝게 자랐지만 중학생이 되고부터는 얼굴에 웃음기가 없어졌다. 학교다 학원이다, 과중한 공부가 스트레스로 작용해서인지 재잘거리는 것도 할미를 향해 웃어주는 것도 잊었다.

요즘 들어 생각하는 일인데 손자를 향한 마음은 끝없는 짝사랑 같다. 어릴 때는 귀엽기만 하더니 자라면서 아이의 눈은 제 부모와 세상을 향해있다. 그것이 당연하지만 할미와 잘 놀다가도 제 아비어미가 오면 뒤도 돌아보지 않고 달려간다. 조금 더 자라면 비밀이 많아지고 조금씩 멀어진다. 자연스러운 현상인데 서운한 마음이 생기는 심보는 어디서 오는지 알 수 없다.

이제 주변의 친구들도 모두 할머니가 되었다. 어릴 때 잘 따르던 손자들이 자라면서 멀어졌다는 말을 푸념 섞어 많이 한다. 부모들이 일터에 나가고 조부모가 힘들게 키워도 그저 꾸벅 고개 한 번 숙이면 그만이고 근황을 물어도 자세한 대답은 해주지 않는다. 세대 차이로 서로의 관심사가 다르다는 것을 알기에 순위에서 밀려난 서운한 마음을 내색조차 할 수 없다. 그래도 내 자식 키울 때는 꾸중도 하고 매를 들기도 했는데 손자에게는 그것도 허락되지 않는다. 과중한 공부에 지쳐있는 것을 알기에 어른으로서 해주어야 할 가르침조차 여의치 않다. 옛날 대가족 제도였을 때는 손자는 할아버지와 같은 방을 쓰며 사람으로서 마땅히 배워야할 여러 가지 예의와 규범을 익혔다. 그렇게 부대끼며 부모보다 더 진한 사랑의 교감이 조손간에 이루어졌는데 어느새 같이 살 수 없는 사회적 환경으로 변했다. 오히려 한 집안의 대표자가 아이들로 바뀐 것 같은 느낌을 받을 때가 있다. 모든 일상이 그들 위주로 돌아가 시험이라도 치는 날은 찾아가기도 전화하기도 조심스럽다. 옛부터 한 부모는 열 자식을 사랑해도 열 자식은 한 부모를 못 모신다는 말이 있다. 그것은 신이 치사랑을 주지 않고 내리사랑만을 준 그날부터 이어져 온 숙명인가 한다. 우리 역시 윗대 부모님에게 무엇 한 가지 해드린 것이 없으니 어쩌면 당연한 귀결인지 모르겠다.

조부모의 위상이 예전 같지 않더라도 손자를 사랑하는 그 마음은 변할 수 없다. 그렇기에 오늘도 아이를 생각하며 혼자 미소 짓는다. 휴대폰에 찍힌 손자 사진을 친구들에게 보이다 지청구를 들어도 그 또한 즐겁다. 컴퓨터에 저장된 아이들의 사진을 들여다본다. 그리고 눈앞에 있는 것처럼 대화도 하고 웃는 사진을 보며 같이 미소 짓는다. 이 세상의 수많은 지붕을 지나 내 집을 택해 가족으로 와주었기에 생각하면 모든 것이 기적이다. 잠깐씩 보여주는 건강하고 환한 웃음, 그 한 가지면 더 이상 바랄 것이 없다. 잘 자라 가정과 사회에 꼭 필요한 사람이 되고 한세상 행복하게 살기를 기도한다. 비록 그것이 끝없는 짝사랑이라 해도 그 사랑을 멈출 할아비와 할미는 이 세상에 없기 때문이다.

4.

우연 또는 필연

어떤 만남

젊은 남녀 한 쌍이 만나 가정을 이루고 생명을 이어가는 결혼을 알리는 청첩장, 늘 기쁨으로 받고 되도록 꼭 참석하는 편이다.

덥고 지루하던 여름도 거의 끝나고 하늘이 높아지던 어느 가을, 근 20여 년이 넘게 소식이 끊겼던 친구에게서 연락이 왔다. 오랜만의 반가운 전화에 너무 기뻐서 여러 가지 이야기를 한꺼번에 묻다가 지난 이야기는 만나서 하기로 하였다. 친구를 만나기로 한 날을 기다리며 그와 보낸 한때, 생의 가장 어렵고 힘들었던 젊은 날을 회상했다.

가까이 지내던 친구를 하늘로 먼저 보내고 적잖이 외로울 때라 그의 전화가 더 반가웠는지 모른다. 사람과 사람 사이에 같이 기억할 수 있는 추억이 많다는 것은 기쁜 일이다. 내 3, 40대의 젊은 날에 이웃에 살며 서로의 가슴 바닥 내면에 깔려 있는 이야기를 많이 하며 달래주고 위로해 주던 사이였다. 기분이 우울한 날은 그가 어디로든 나를 데려가주고 그가 슬퍼하는 날은 내가 그녀를 위로했다.

쇼핑도 다니고 영화 연극도 보며 지내다 그녀는 형편 따라 외국으로 떠났다. 몸이 멀어지면 마음도 멀어진다더니 간간이 소식을 전하던 그와 나 사이에 어느 날부터인가 소식이 끊기었다. 그리고 이십여 년, 둘은 육십 고개를 넘어서 만나게 된다. 무슨 옷을 입을까. 내가 더 늙어 보이면 어떻게 하나 별별 생각을 다 하며 그날을 기다렸다.

그녀, 세월이 흘러도 나이를 먹었다는 외에 크게 변한 것은 없었다. 여전히 활달하고 멋쟁이다. 마치 어제 만났다 오늘 또 만나는 사람처럼 우리는 그간의 비워두었던 세월을 금방 거슬렀다. 밥을 먹고 차를 마시고 지칠 줄 모르게 이야기를 하고, 앞으로 남아있는 시간이나마 함께하자는 약속도 했다.

삶이 그래도 살만하다 싶은 것은 이런 순간이 있기 때문이다. 적어도 그녀가 하얀 봉투 하나를 내게 건네주기 전까지는 너무 행복했다. 우리는 또 만날 것을 약속하고 자리에서 일어섰다. 그러나 기다렸다는 듯 내 손에 쥐어주는 봉투 하나, 그것은 그의 아들 결혼 청첩장이었다. 순간 알 수 없는 현기증이 나며 하늘이 깜깜하게 어두워졌다.

그런 마음을 무엇에 비유해야 할까. 살아오며 수많은 청첩장을 받았고 가능하면 꼭 참석하는 원칙을 지킨다. 하지만 그녀에게 받은 청첩장은 몽환처럼 아름답던 하루를 슬픔으로 채우고도 남았다. 숱한 대화의 형체는 빈 메아리가 되어 공중에 흩어지고 끝 모를 나락이 내 앞에 입을 벌리고 있는 것 같다.

그녀를 먼저 보내고 식은 찻잔을 마주하고 혼자 앉았다. 다리에 힘이 풀려 집까지 어떻게 갈까 그것을 걱정한다. 세상이 그대를 속일지라도 슬퍼하거나 노여워 말라는 푸시킨의 시를 떠올리며 그와 나 사이에 가로놓인 세월의 강을 실감한다. 물론 청첩장만 주려고 나를 만나자고 한 것은 아닐 것이다. 평소 복잡한 생각을 싫어하는 그가 어차피 줄 것 만난 김에 주자는 간단한 마음이었는지 모른다.

요즘 들어 유안진 님의 '지란지교를 꿈꾸며'에 나오는 글귀를 자주 떠올린다. 꽃을 바라보다가도 그 느낌을 전화로 이야기 할 수 있고 저녁밥을 짓다가도 입은 옷에 맨얼굴로 만나 수다를 떨 수 있는 사람, 그런 친구를 가진 사람을 부러워한다.

바쁜 현대에 살고 있는 우리의 가슴은 날이 갈수록 삭막하다. 계산이 빠진 정으로 뭉친 좋은 관계를 형성하기가 쉽지 않다. 진정한 친구를 만들기 어렵고 순수하게 유지되기도 쉽지 않다. 부모와 자식 간의 사이에도 도와줄 무엇이 남아 있어야하고, 부부도 상대에게 부담이거나 짐이 되면 어느 한쪽이 떠난다.

나이 들어가며 누가 조금만 서운한 말을 하면 그것에 대한 의미를 꼼꼼히 생각하는 없던 버릇이 생겼다. 남편이나 아이들이 별 뜻 없이 무심코 한 말도 곱씹어보고 그것을 삭이기 위해 혼자 힘겨운 싸움을 한다.

초등학교 다니는 것을 보았던 친구의 어린 아들이 자라 결혼하게 되었다는 소식은 기쁜 일이다. 물론 나는 꼭 참석하여 그들의 행복을 진심으로 축하해 줄 것이다. 우리를 갈라놓은 시간이 얼마인데 옛 마음을 잊은 것이 어찌 그녀 탓이랴. 세월 탓이고 오염된 음식 탓이다. 내색도 못하면서 혼자 앓는 옹졸한 내 성격 탓이다. 하지만 아직 날짜가 많이 남았으니 다음 번 만날 때 그 청첩장을 주었다면 좋았을 것을 하는 아쉬움은 한쪽에 남는다.

창밖의 세상

공자 유적지 탐방 여행에 우연히 끼게 되었다. 중국의 청도에서 제남까지는 버스길로 서울에서 부산까지의 거리와 비슷하다. 길 양편에는 끝없는 지평선이 이어지고 이른 봄이라 들판에는 파란 잔디 같은 밀밭이 대초원을 이루며 계속된다. 비가 자주 내리지 않아 땅은 건조한 기운이 가득한데 이제 막 겨울을 벗어난 봄날의 밀밭은 나른한 볕을 이고 졸고 있다. 창안에서 창밖을 바라볼 때면 늘 아쉬움의 갈증을 느낀다. 마음 같아서는 뛰어내려 선선한 바람을 느끼고 싶지만 여행은 결국 주마간산이 되고 만다.

몇 시간을 달려도 칙칙한 인민복을 입은 농부들의 일하는 모습이 보일 뿐 풍경은 비슷비슷하다. 이어진 집단 주택과 비닐하우스, 들판가운데 하나의 점이 되어 일을 하고 있는 사람들, 저들은 어떤 마음으로 매일을 살고 있으며 그곳이 그곳 같은 자신의 집을 어떻게 알고 찾아들어갈까. 물론 그 속에도 사랑과 슬픔이 존재할 것이고 어제와 다름없는 오늘이 계속되고 있을 것이다.

끝없는 지평선을 한없이 달려보고 싶었는데 얼마 지나지 않아 산이 없는 풍경은 사람을 지치게 하는 묘한 것이 있다. 매일을 저 속에 묻혀있다면 시간의 개념도 세월이 흐른다는 것도 느낄 수 없겠다. 내가 만약 저 들판 속의 농사꾼 아낙이라면 전족을 만들어 발을 묶어놓아도 도망가고 말겠다 싶다. 동서남북이 어디인지도 모른 채 살다 밀밭 귀퉁이 흙으로 돌아가 누운 무덤들을 보니 버스유리창이 보호막이라도 되는 듯 든든하다.

성인

공자님이 태어난 고향, 곡부에서 성인의 발자취를 따라다닌다. 넓은 땅을 차지하고 서 있는 우람한 전각들, 골골의 기와와 돌기둥에는 어김없이 용이 감겨있고 더러는 웅장하게, 더러는 조잡하게 공자와 맹자의 초상을 조성해 놓았다. 여행을 하다보면 옛것의 보존에 감탄할 때도 있고 왠지 모를 쓴웃음이 날 때도 있다. 예수님도 태어난 고향에서는 별스런 대접을 받지 못했다는데 공자님도 정작 그들의 후손에게는 존경으로 남아있지 않은 것 같다. 성인을 관광자원으로 활용하는 외에 다른 무엇은 없다. 유적 관리도 엉성하고 묘지를 보니(하기야 무엇이 남았을까마는) 아예 돌과 풀로 덮여있다. 십 만개의 가족묘지로 되어 있다는 공씨네 무덤들도 우리네 죽음과 다를 것이 없고 그나마 지천으로 피어 있는 패랭이꽃과 세월을 말하는 측백나무 군단이 있어 나그네 마음을 위로한다.

우리는 역시 예의지국 사람들이다. 동행한 성균관 유생들은 예복을 깍듯이 갖추어 차려입고 공자님에게 지성으로 예를 올린다. 백여 명이 넘는 사람들이 한복으로 갈아입고 도포자락을 휘날리며 동네를 지나 전각 앞까지 걸어가는 모습은 가히 장관이다. 그리고 공묘 작헌제 홀기를 부르며 예를 올리니 그 소리가 전각을 울리며 자못 웅장하고 경건하다.

전각 속이 궁금한 마음에 서둘러 기웃거리다 유림 중의 한 노인에게 꾸중을 들었다. 아직 제를 올리지 않았는데 여자가 무엄하게 먼저 얼쩡거린다는 죄목이다. 두 마리의 용이 뒤엉켜 있는 기둥을 올려다보느라 잠깐 아녀자인 내 신분을 망각했나 보다. 여자를 깔보는 풍습이 아직도 남아있는 우리의 유림들은 먼 나라 공씨 조상을 위해 온갖 정성으로 예를 올리는데 정작 중국 사람들은 영문을 모르겠다는 표정으로 반쯤 썩은 이를 드러내어 웃고 있다.

얼굴

여러 훌륭한 전각들을 지나 그 작고 초라한 농가에 들어가게 된 것은 전혀 계획에 없던 일이다. 화장실이 급해 들른 그 집은 사람이 살고 있다는 사실이 믿기지 않을 정도다. 조상이 살아온 모습 그대로 대를 이어 살고 있다는데 이렇게도 살 수 있구나 싶다.

흙이 자욱한 바닥에 의자 두 개가 놓여있는 곳이 거실이고 옆방에는 낡은 나무침대 하나가 전부다. 이불에는 먼지와 습기가 엉키어 꼭 짜면 금방이라도 구정물이 흐를 것 같은데 저 환한 햇빛을 왜 이용하지 않는지 물어보고 싶다. 중국의 화장실은 모두 경험한 일이기에 따로 설명이 필요 없지만 그 집 화장실은 발 디디는 곳도 없고 아예 구덩이 하나뿐이다. 나이 들어가며 느는 것은 화장실 다니는 숫자뿐이라, 떨면서 볼일을 보니 그나마 지붕이 없어 하늘 올려다보기는 좋다. 옛사람을 위해서는 그토록 넓은 전각을 지으면서 현재의 사람살이는 왜 그렇게 옹색한지 이해할 수 없지만 표정만큼은 정말 순수하다. 할머니가 안고 있는 아기는 동그란 공처럼 생겼는데 웃는 미소가 그렇게 예쁠 수가 없다.

화장실만 이용하고 나오기가 미안해 아기에게 10원(우리 돈 천원 정도)를 손에 쥐어주니 노인은 의외로 정중히 사양을 한다. 집 구경하고 싶은 마음을 어떻게 알았는지 광, 부엌까지 손수 문을 열어준다. 살림살이라고 할 만한 물건은 찬장과 의자 몇 개가 전부다. 그렇게 최소한의 것을 갖고도 평화로운 미소를 지을 수 있는 마음은 어디에서 오는지, 온갖 것에 둘러싸여 사는 우리네는 이해하기 어렵다.

비록 말은 안 통해도 의사소통에 큰 불편함이 없다. 화장실이 어디 있느냐는 질문도, 차를 마시겠냐는 물음도 눈빛과 손짓교환으로 충분했다. 문 앞에서 진한 작별까지 하니 마치 오래 전 알았던 사람같이 헤어지기 아쉽다. 나는 아기에게 얼른 10원을 도로 쥐어주고 뛰어나왔다.

중국의 얼굴은 수없이 많다. 그들이 깨어서 일어나고 있다고 하고 긴 이랑의 드넓은 땅이 용이 되어 달려오고 있다고도 한다. 그곳에서 자라는 모든 종의 동식물이 먹거리로 변해 우리의 식탁 위에 오른다. 빌딩 속에는 세련된 도회의 두뇌들이 있는가 하면 가짜식품을 만들어 세계인의 생명을 위협하는 무서운 얼굴도 있다. 공항에서 여행객의 짐을 억지로 묶어주고 돈을 뺏는 얼굴은 얄밉지만 밀밭 위의 농부들 얼굴은 어제와 오늘이 다름없이 순박하다.

한 방울의 물을 가지고 바다를 이야기 할 수는 없다. 그 한 방울의 물이 바다의 시작이기도 하기에 창밖의 세상에서 만난 여러 풍경들은 모두 소중하다. 그들이 좋아하는 용이 언젠가는 꿈틀거리며 일어나 우리를 위협할지 모른다. 그래도 나는 작은 집 속의 할머니와 그 아기 얼굴만 간직하고 싶다. 창밖의 세상은 늘 아쉽고 미련이 남게 마련이지만 산다는 것 자체가 무엇을 그리워하다 마는 것임에랴.

연 따라 오고 가네

아래층에는 교회 권사님이 살고 있다. 항상 밝은 얼굴로 예의도 바르고 명랑하여 만나는 사람을 즐겁게 한다. 시어머니를 모시고 있는데 순하게 잘 모셔 효의 참모습을 보여준다. 말만 교인인 사람이 난무하는 세상에 모처럼 그녀와 대화라도 나누는 날은 교인다운 면모를 발견하여 마음이 훈훈해진다. 그녀는 다니는 교회에서 나오는 주보를 한주도 빼지 않고 우리 집에 넣어준다. 좋은 글이고 고마운 마음에 꼼꼼히 읽지만 그것이 몇 년씩 지속되다보니 슬슬 부담이 된다. 이제는 그만 받고 싶다고 사양을 하지만 언제나 환하게 웃으며 부담 없이 그냥 읽기만 하란다.

고백하자면 나도 젊어 한때 교회에 다닌 적이 있다. 서울에 올라와서 얼마 되지 않았을 때인데 내 삶의 전체를 돌아보아도 그때만큼 힘든 적은 없었다. 아이들과 시동생과 시누이 조카들까지 함께 사는데 몇 명의 하숙생들까지 있었으니, 밥을 먹는 식구가 열다섯 명이 넘었다. 냉장고와 세탁기가 있을 때도 아니니 내 노동은 끝이 없었다. 밤 열한시가 넘어야 걸친 앞치마를 풀어놓고 입은 옷에 잠 들었다가 일어나면 부엌으로 들어가야 했다. 머리도 감을 시간이 없어 항상 수건을 두르고 다녔고 고무신 신은 발은 늘 물에 잠겨있어 발바닥에는 무좀으로 진물이 흘렀다.

그래서 나름 생각한 것이 교회 다니기였다. 일주일에 한 번은 깨끗한 옷을 갈아입고 교회에 가서 앉아있으면 덤으로 목사님에게 좋은 말씀도 들을 수 있겠다 싶었다. 일요일 아침 가족들 밥을 챙겨주고 성경을 옆구리에 끼고 오롯이 혼자 집을 나가는 것은 좋았고 사람들과 눈을 마주치며 인사하는 것도 새로운 기쁨이었다. 예수가 누구이고 그 속에서 무엇을 발견하는지는 알지도 못하고 사실 관심도 없었다. 그저 잠깐이나마 힘든 일상을 떠나 쉴 수 있는 그 한 가지가 전부였다.

그렇게 시작되어 세례도 받고 한 3년 열심히 다녔다. 하지만 언제부터인가 목사님의 설교를 듣고 돌아오는 발걸음이 점점 무거워졌다. 목사님은 처음에는 온화한 얼굴로 설교를 잘하시다가 꼭 말미에 가서 목에 핏대를 세우며 화를 내셨다. 얼굴이 붉게 변하여 하시는 말씀은 헌금을 많이 내지 않아 운영이 힘들다는 것이다. 우리 죄를 대속하신 주에게 정성을 바쳐도 모자라는데 교인으로서 최선을 다하지 않는다는 꾸지람이다. 그때 남편은 대학생이고 내가 하숙을 쳐서 겨우 생활을 했기에 천원의 헌금도 힘든 상황이었다. 또 기도의 말미에 감사헌금하신 분들의 이름을 부르고 그들을 일으켜 세워 박수를 치게 할 때는 바늘방석에 앉아있는 느낌이었다.

그래도 잠시나마 힘든 생활을 내려놓고 쉴 수 있는 공간이 그곳뿐이었기에 주말을 잘 지켰다. 스물아홉 살이 되던 해에 셋째를 낳았다. 많은 식구에 또 한 명의 딸을 낳았으니 누구도 축하해 주는 사람이 없었다. 해산을 도와주는 사람도 없어 아이 낳은 그다음 날로 손수 빨래하고 밥을 했다. 몸은 퉁퉁 부었는데 일은 산더미같이 쌓이고, 정말 참을성 하나는 챔피언감인데도 그 순간만큼은 서러움을 감당키 어려웠다. 그래서 고심 끝에 처음으로 교회에 감사헌금을 바쳤다. 목사님이 내 이름을 부르고 딸의 탄생을 축하하는 말씀과 박수를 쳐준다면 큰 위안이 될 것 같았다.

그날 일요일 집회의 말미에 목사님은 교육관 건립에 차질이 생긴다며 마이크를 잡은 손이 떨리도록 화를 내셨다. 마침내 감사헌금 한 사람들의 이름을 부르는데 가슴을 두근거리며 내 이름이 불리길 기다렸다. 새로운 생명을 주신 것을 감사하고 잘 자라기를 바란다는 한마디면 그간의 서러움이 말끔히 해소될 것 같았다. 하지만 왜인지 내 이름은 끝내 불리지 않았다. 금액이 너무 작았는지 아니면 서류상 누락이었는지는 모르지만 그날을 끝으로 내 교회 생활은 끝났다.

인간에겐 의지처가 필요하다. 순간순간 차고 올라오는 갈등이나 욕심을 다스리는데 종교보다 좋은 가르침은 없다. 예수님이나 부처님의 뜻을 잘 알고 따른다면 세상은 보다 살기 좋아진다. 하지만 그 깊은 가르침을 이해하고 실천하는 사람을 만나기는 모래밭에서 바늘 찾기다.

걸음걸음이 눈물이던 시절도 이제 생각하면 내 생각의 짧음 탓이다. 존재하는 자체가 하나님의 큰 사랑에 안겨있는데 그것을 모르고 저 멀리 어디쯤에 실제 한다고 믿고 왜 내게는 없는 것이 이리 많으냐며 투정했다. 세상이 고통으로 차 있다지만 한 발 물러서서 보면 모든 것은 기적이다. 어제 없던 것이 생기고 있던 것이 사라지고 그러기에 지금 함께하는 순간이 감사하다.

그래서 진정한 교인의 모습을 보여주는 착한 아래층의 권사님에게 늘 미안하다. 그분 마음속의 기도는 잃어버린 한 마리의 양을 찾는 것이다. 주보를 넣으며 언젠가 내 마음이 열릴 것을 기도하시겠지만 이제 와서 발길을 돌리기는 쉽지 않다. 아니 그것을 구분 짓는 마음의 경계가 나름대로 없어졌다. 이 순간 하느님과 부처님의 사랑 속에 있다는 것을 알게 되었고 그 또한 연 따라 온 것으로 받아들일 뿐이다.

웃고 싶다

어느 이른 봄 예고도 없이 세상을 떠난 한 개그맨이 있다. 과도한 체중으로 고생하던 그 사람은 운동을 하는 중에 돌연 사망했다. 사실 그 개그맨을 개인적으로는 잘 알지 못한다. 단지 몇 번 공연을 보았을 뿐이다. 스탠딩코미디라는 이름을 달고 혼자서 강의하는 것처럼 두어 시간 말을 하는데 포인트 부분에서 큰 웃음이 터진다. 사람을 웃기려다보니 더러 진하고 야한 농담도 있지만 그 말 속에는 세태를 풍자하는 촌철살인 같은 비유가 들어있다.

그의 공연을 마지막 본 것은 한 해가 마무리되는 연말쯤이다. 날씨는 매섭게 춥고 나는 부쩍 우울했다. 걱정해야 할 것들은 유난히 많고 몸과 마음은 송곳 밭을 헤매듯 아팠다. 어떻게든 힘든 상황을 탈출해 보려고 친구를 꾀어 공연장에 갔다. 그의 공연에는 언제나 사람들이 많다. 경제는 바닥을 친 지 오래고 세상은 하루도 조용할 날이 없기에 그만큼 억지로라도 웃고 싶은 사람이 많은 것이라 여겼다.

운동을 하여 살이 많이 빠졌다고는 하지만 여전히 뚱뚱한 모습으로 보조출연자도 없이 혼자서 관객을 웃기며 힘든 듯 흐르는 땀을 닦았다. 그날 모처럼 많이 웃었는데 마지막 부분의 끝 멘트가 모두를 숙연하게 했다. 자신의 꿈은 돈을 많이 벌어 큰 고아원을 짓는 것이라고 하며 이 세상에 슬픈 아이들이 없는 세상을 꿈꾼다 하였다. 그 말끝에 만약 죽게 된다면 시신을 연구용으로 기증한다는 서명을 이미 했다고 한다. 살이 많아 연구할 것도 많을 테니 얼마나 좋으냐는 조크를 했지만 그 순간만은 웃는 사람이 없었다. 하지만 말의 위력이 그렇게 금방 현실이 되어 나타나리라고는 그 누가 알았으랴. 인생무상이라더니 그를 본 지 채 한 달도 지나지 않았는데 죽었다는 보도가 났다.

공연이 끝나고 작은 도움이라도 되고 싶어 CD와 테이프을 몇 개 사서 친구도 나누어주고 차에 넣어 다니며 가끔씩 듣는다. 누가 들으면 취미 한 번 고상하지 못하다고 할지 모르지만 그렇게라도 웃고 싶다. 굽이굽이 힘든 순간을 견뎌내며 이제 심각한 것은 싫어져서 울고불고하는 영화나 드라마는 아예 보지 않는다. 일부러 코미디 프로를 즐겨 찾는데 웃음이 건강에 도움을 준다는 것은 이미 과학적으로 입증되었다. 별일 아닌 것도 배를 잡고 크게 웃다보면 정말 즐거운 일이 있는 것처럼 느껴진다. 웃을 때 모르핀보다 강한 '엔케팔린'이란 물질이 나온다고 한다. 병마에 시달리는 암환자들도 많이 웃으면 병이 호전되는 것을 본다. 그러기에 웃음치료사라는 신종 직업이 생겼고 개그맨들은 이 순간도 누군가를 웃기기 위해 밤잠을 설치며 아이디어를 짜낸다.

오래전 돌아가신 내 아버지는 농담을 즐겨하셨다. 술을 좋아했는데 막걸리 몇 잔에 거나하게 취하면 잘못 돌아가는 세상사를 농담 속에 버무려 듣는 이로 하여금 속이 시원하게 해주는 재주를 지녔다. 내일아침 먹을 양식이 없고 자고나면 빚쟁이가 몰려오더라도 오늘은 어린아이 같은 표정으로 온갖 웃기는 말을 하며 가족과 이웃을 즐겁게 했다. 아버지는 현실감각에 어두워 경제와 세상살이에는 영 서툴렀다. 상사의 잘못을 대신 뒤집어쓰고 감옥에 가기도 하고 빚보증을 서주어 그나마 있던 것을 잃기도 했다. 그래도 웃음을 잃지 않으려 애를 썼는데 아이들이 진학도 못하고 하나둘 생활전선으로 나가게 되자 점점 말이 없어지며 좋아하던 농담도 하지 않았다. 어느 날 동네 공원에서 우연히 아버지와 마주쳤다. 그런데 왠인지 나를 보고 웃지도, 말을 건네지도 않았다. 후줄근한 점퍼에 표정 없는 얼굴로 마치 모르는 사람을 보는 듯했다. 어린 마음에 충격이 커서 그날의 풍경이 내 기억의 창고에 하나의 아픔으로 각인되었다. 세월이 지나 나중에 안일인데 그때 아버지는 실직을 하여 어머니에게 말도 못하고 매일 공원으로 출근을 하고 있었다.

그런 아버지가 마지막으로 한 번 우리를 크게 웃겼다. 저녁을 드시는데 밥숟가락을 입으로 가져가지 않고 자꾸 옷 위에다 쏟아 붓는다. 밥을 퍼서 입 주변을 맴돌다가 옷에 부으니 그 모습이 너무 웃겼다. 밥상 앞에 모여 앉은 우리는 모처럼 아버지가 장난을 하는 것이라 여겨 기쁜 마음으로 웃었고 분명 아버지도 웃고 있는 것 같았다. 어머니는 또 시작한다면서 혀를 찼고 그 순간 아버지는 맥없이 옆으로 쓰러졌다. 힘든 일에 시달리면서 당뇨를 앓고 있었던 아버지, 가족에게 말을 하지 않아 무슨 병인지도 모른 채 허둥거리다 시간을 놓쳤다. 저혈당 증세로 그 순간 한 알의 사탕만 있어도 돌아가시는 것은 면했을 텐데 우왕좌왕하다 소중한 사람을 잃었다.

어차피 어려운 살림 고민한다고 나아질 것이 없다는 것을 알았기에 힘든 순간을 농담으로 넘겼던 그 마음은 진한 그리움으로 남았다. 작은 판잣집 속의 호야불빛 아래 오순도순 모여 장난을 치고 웃던 풍경이 어제일인데 세월은 너무도 멀리 우리를 다른 세상으로 데려다 놓았다. 그 아버지를 닮아서인지 젊어서는 나도 곧잘 농담을 구사했는데 언제부터인가 그 기능을 잃어버리고 웃는 것도 잊었다.

오늘도 내 차에서는 떠나버린 개그맨의 목소리가 흘러나온다. 마치 옆에서 말하듯 분명하고 카랑카랑한 목소리다. 여러 번 들어 뻔히 알고 있는 내용이지만 처음 듣는 듯 일부러 큰소리로 웃는다. 아이러니하게도 온 국민을 웃기던 그 남자도 실제 생활은 그다지 행복하지 않았다고 한다. 사업에 실패를 해 이혼을 하고 자식과 멀어지고 사는 것이 여느 우리와 다를 바가 없는데 매일 누군가를 웃겨야 했으니 얼마나 고단했을까. 그의 수많은 개그 중에 특히 기억에 남는 것이 있다. 하루 종일 격무에 시달려 피곤에 지친 사람들이 집에 와서 TV를 보면서 쉬려고 하면 정치하는 사람들의 주먹질하는 모습을 보여준다. 또 밤늦은 시간 잠 좀 자려하면 사건사고, 추적 60분, 그것이 알고 싶다. 같은 살벌한 프로를 방영해서 안 그래도 힘든 세상살이를 더 불안하게 만든다. 친구를 사귀어도 농담을 잘하는 사람과 친하라고 조크를 한다. 그래야 좀 덜 힘들게 한 세상을 지낼 수 있다는 나름의 철학이다. 만약 자기가 국회의원이 된다면 밤늦은 시간대에 코미디프로를 편성해서 사람들을 실컷 웃다가 잠들게 해주겠다고 기염을 토했다. 해서 실제로 한때 정치판에 뛰어들었지만 돈 잃고 이혼만 당하고 말았다며 또 한 번 웃긴다.

잘 웃는 것만큼 중요한 것은 없다. 돈을 버는 것도 출세를 하려는 것도 결국은 웃고 살기 위해서다. 욕심과 걱정 한 자락만 쑥 내려놓으면 환하게 웃을 수 있는데 그것이 왜 그리 어려운지 모르겠다. 가수 조영남 씨도 웃다 죽겠다는 것이 좌우명이라는데 나도 그런 마음이고 싶다. 남 앞에서 마음 표현도 제대로 못하는 내가 보기에 그 개그맨은 재주가 특별한 것이 분명한데, 그토록 일찍 데려간 뜻은 무엇일까. 아마 저승에도 웃기는 사람이 꼭 필요했나 보다.

이리 행복해도 되는 걸까

아침에 신문을 읽다가 북한 소식을 들었다. 김정일 위원장이 "우리 인민이 강냉이밥을 먹고 있는 것이 가장 가슴 아프다"라는 내용이다. 탄식 섞인 어조로 식량사정을 대외적으로 알린 것을 보면 심각한 어려움에 직면해 있는 것이 분명하다. 그동안 음으로 양으로 도왔지만 아직도 그곳의 꿈은 쌀밥과 고깃국이란다. 동족이 굶고 있다니 가슴 아프지만 무한정 그냥 도와 줄 수는 없는 것이 현실이다. 그들이 신주단지처럼 끌어안고 있는 핵무기와 미사일을 버리지 않고는 전폭적인 도움은 어렵다.

우리도 수많은 정치사의 시행착오를 거치며 오늘까지 왔다. 그래도 지금은 눈부신 발전으로 선진국 대열에 들어섰다. 도움을 받다가 주는 나라로 부상했고 아이티 같이 천재지변이 난 나라에 구조단을 보내 어깨를 나란히 한다. 여전히 경제는 어렵지만 생필품은 넘치고 음식은 남아돌아 먹는 것보다 버리는 것이 더 많다. 특히 쌀은 무한정 남아돈다. 농부들이 수매 가격이 맞지 않는다고 다 지어놓은 곡식을 갈아 엎는 것을 볼 때 하늘 바라보기가 두렵다. TV에서는 연일 쌀을 어떻게 소비해야 할 것인가 고민하며 떡을 해서 먹거나 술을 담가먹으라 한다. 하지만 나부터도 다이어트에 도움이 안 된다고 쌀밥은 피한다.

지금은 그 흔한 먹을거리가 옛날에는 왜 그리 귀했는지 식구는 많고 양식은 부족해 쌀 한줌에 나물을 섞어 죽을 끓였다. 꽁보리밥과 죽은 먹고 나서 돌아서면 또 배가 고팠는데 쌀밥과 고깃국 한 번 실컷 먹어보는 소원이 있었다. 사변 이후 남한으로 내려온 이북 사람들을 많이 보았다. 신혼 시절 한때 세 들어 살던 집의 주인이 이북 사람이었는데 아끼고 절약하는 것이 무서울 정도였다. 반찬은 두 가지 이상이면 큰일 나는 줄 알고 고등어찌개 하나 끓이면 국물도 버리지 않고 다 먹었다. 특히 기억에 남는 것은 어쩌다 우리 집에 손님이라도 다녀가면 물값과 화장실 사용료를 따로 더 계산해서 받아갔다. 한 부엌을 같이 썼는데 하수구에 밥알 하나라도 떠 있으면 시어머니처럼 잔소리를 하며 흘린 밥알을 주워 담으라 잔소리를 들었다. 그때는 싫고 야속하였지만 그나마 절약하는 습관을 그 부부에게서 배웠다. 그 외 부산 국제시장에서 포목점을 하는 이북출신의 아주머니들도 이웃에 많이 살았다. 야무지기가 돌과 같고 강인함과 절약이 몸에 배어 하나같이 재산을 모았다. 사람은 구속당하면 능력을 발휘하지 못한다. 자유롭게 풀어놓으면 무언가를 개발해서 자신도 살고 나라도 부강하게 만든다. 그런 사람들을 체재라는 울타리에 가두어 놓았으니 의욕을 잃고 한 끼 식사를 걱정하는 가여운 지경에 이르렀다.

딩동 소리에 나가보니 앞집에 사는 아우님이 먹을 것을 가져온다. 그녀는 가까운 곳에 작은 농장이 있어 각종 야채를 키우는데 밭에만 갔다오면 상추며 고추를 덜어주고 간다.

외출해서 돌아오니 현관 앞에 무언가 놓여있다. 김치 한보시기와 게장이다. 친구가 잠깐 다녀가며 놓아두고 갔다. 가까이 사는 문우는 나주에서 올라온 배가 너무 맛있어 보낸다며 과일을 한 상자 보내온다. 사흘이 멀다 하고 옥수수며 고구마를 삶아오는 동네 친구도 있다. 같이 운동도 하고 모여 놀기도 하는데 돌아가며 먹을 것을 챙겨온다. 어느 하루 음식이 빠지지 않으니 느는 것은 뱃살이지만 그 순간들이 귀하고 행복하다. 서로의 마음을 이해하고 작은 것도 나누는 생활, 내 만년은 그것으로 충분하다.

이 순간도 북한은 물난리가나서 많은 사람이 죽고 영양실조와 병고에 시달린다는 뉴스다. 깡마른 몸에 멀건 채소 국물을 먹고 있는 아이들의 눈이 슬퍼 보인다. 전문가들은 올해 북한에서는 굶어죽는 사람이 어느 해보다 많을 것이라 전망한다. 우리 전함을 침몰시키고 금강산 관광지 문도 닫아버린 막무가내 그들이지만 순수한 아이의 눈망울을 보면 마음이 아프다. 인간은 몸과 정신이 자유로워야 한다. 그 기본적인 것이 해결되지 않으면 어느 무엇도 할 수 없고 배가 불러도 결코 행복하지 않다. 민족의 염원인 통일이 이루어져 모두 자유롭고 행복한 그런 날을 꿈꾸며 오늘 이리 행복해도 되는지 그것이 또 걱정이다.

자 유

가을을 만나러 집을 나섰다.

몸 속으로 파고드는 바람이 차고 시리다. 지나온 시간을 돌아보니 변해가는 세상도, 나라는 존재도 제대로 모른 채 세월만 보내버렸다. 연주회나 한 편의 영화, 연극을 볼 수 있다면 더없이 좋은 계절이지만 서점에 들어가 기웃거리는 걸로 가을을 만난다.

대형서점에는 수많은 책들이 쌓여 있다. 책이 인간에게 유익하다는 것은 두말하면 잔소리다. 책 하나하나는 나름대로의 개성을 담고 자신을 선택해줄 주인을 기다린다.

빽빽이 꽂혀있는 책들을 보다가 반가운 책 한 권을 발견했다. 30여 년 전에 읽은 적이 있는 '니코스 카잔카스키'의 『그리스인 조르바』다. 어떤 물건이나 장소를 보면 그때의 일이 불현듯 생

새로울 것 하나 없는 일상
에서 낯선 곳의 풍경은 늘 상
상의 나래를 펼친다. 가보지
않았지만 크레타섬의 저녁
노을과 에메랄드빛의 바다
가 눈에 선하고, 선창가 주
점에서 한 잔 술에 피로를
푸는 어부들의 거친 말소리가
들린다
—자유
구도자는 깊은 믿음으로 내
면의 자유를 얻기도 하지만
평범한 아낙인 내가 매이
지 않은 자유를 얻는 길은 요
원하다. 그물에도 걸리지 않
는 바람같은 자유는 아무나
얻을 수 있는 것이 아니라.

각나듯, 그 책을 보니 젊은 날 생각이 난다.

한때 책 속에 코를 박고 살았다. 독서를 많이 했다고 자랑하는 것이 아니다. 내게 있어 책은 내용과 상관없이 틈만 나면 들고 있는 하나의 방패다. 책 속에 들어가 있는 동안은 세상살이 고달픈 일을 잊을 수 있고 글자를 보고 있으면 꽉 조인 마음의 끈이 풀리고 편안해졌다.

처음 그 책을 읽었을 때는 작가가 무엇을 말하려 하는지 이해할 수 없었다. 주인공 조르바의 거친 언어가 귀에 거슬린다는 생각을 했을 뿐이다. 깨알 같은 글씨를 참으며 읽을 수 있었던 것은 그리스 유적의 묘사와 크레타 해안의 풍광 모습 때문이었다.

새로울 것 하나 없는 일상에서 낯선 곳의 풍경은 늘 상상의 나래를 펼친다. 가보지 않았지만 크레타섬의 저녁노을과 에메랄드빛의 바다가 눈에 선하고, 선창가 주점에서 한 잔 술에 피로를 푸는 어부들의 거친 말소리가 들린다. 마치 그들과 한 공간에 있는 환상이 들기도 했다.

책의 주제는 자연 예찬과 아니 살아있는 것들에 대한 자유를 말하고 있다. 인간에게 필요한 것은 물질도 지식도 아닌, 자연과 교감하는 마음과 매이지 않은 대 자유, 그 한 가지뿐이다.

틀에 박힌 교과서 같은 생활이었지만 마음속에는 언제나 자유를 꿈꾼다. 세계를 여행하며 사는 한비야 같은 여인이나 길거리에서 전위 예술을 하는 사람들을 공감하고 부러워한다. 격렬한 몸짓으로 내면의 인간 심리를 표출하는 연극이나 춤이야말로 내 꿈이고 그리움의 대상이다.

구도자는 깊은 믿음으로 내면의 자유를 얻기도 하지만 평범한 아낙인 내가 매이지 않은 자유를 얻는 길은 요원하다. 그물에도 걸리지 않는 바람 같은 자유는 아무나 얻을 수 있는 것이 아니다. 다시 태어난다면 복잡한 인연 짓지 않고 배낭 하나 달랑 메고 세계를 돌아다니고 싶다. 다양한 경험을 통해 많은 것을 보고 느끼며 한 번뿐인 생을 알뜰히 쓰고 싶다. 후생에서나 가능한 일이지만 꿈꾸는 마음만은 누가 탓하겠는가.

집으로 돌아와 서재를 뒤지니 그 책이 먼지를 뒤집어 쓴 채 나왔다. 세월에 절어진 글자들은 노랗게 변해 있었지만 삼십 번의 사계를 보내고도 내용은 그대로다. 여전히 크레타의 바다는 햇빛에 반짝이고 고대유적들이 시공을 뛰어 넘어 등장하며, 조르바의 호탕한 웃음소리가 들려온다.

묵직한 돋보기를 코끝에 걸고 옛날의 그 책 속으로 다시 들어간다. 주인공 조르바는 교육을 받은 적도, 수련을 쌓은 적도 없지만 자연과 인간에 대한 확실한 관을 가지고 있다. 책과 펜만 껴안고 가슴은 비어있는 지식인을 향해 쏟아내는 그의 독설은 예전에는 느끼지 못했던 시원함이 있다.

니코스 카잔카스키는 지식은 인간을 메마르게 만든다고 외친다. 대지의 품속에 안겨 하나가 될 때만이 삶의 내밀한 진짜 즐거움을 누릴 수 있다. 생은 그렇게 복잡한 것이 아니며 먹고, 마시며 생명 있는 것들을 사랑하는 마음 그것이면 족하다 했다.

"인간이란 묘한 기계지요. 속에다 빵, 물고기, 포도주를 넣어 주기만 하면 그게 한숨과 눈물과 웃음이 되어 나오거든요. 무슨 공장 같지 않소."

가장 기억에 남는 문장이다. 작가는 조르바의 입을 통해 책과 펜 속에서 진리 운운하는 지식인을 질타한다. 인간은 자유를 꿈꾸지만 여러 가지 행동의 제약으로 감정을 충분히 표현하지 못한다. 한나절의 구름 같이, 생겼다 사라지는 존재인 우리가 잘났다고 뽐내며 뻐길 것이 무엇인지, 작가는 그것을 안타깝게 표현한다.

조르바는 늙은 애인 부불리나가 생을 마감할 시간이 왔음을 알고 그녀를 위해 결혼식 준비를 하며 떠나갈 사람에 대한 선물을 준비한다. 소멸해 버릴 가여운 생명에 대한 사랑의 표현이다.

소설의 장관은 조르바가 숨을 거두는 말미의 묘사다. 세상에 두고 가는 것 중에 아쉬운 것은 하늘과 바람뿐이라 했듯이, 그는 창가에서 하늘을 바라보며 마지막 숨을 거둔다.

"나는 아무것도 원치 않는다. 아무것도 두려워하지 않는다. 나는 자유." 소설의 마지막 대목이다.

재산도 명예도 가진 것이 없었지만 참 자유를 즐기고 간 사람 조르바, 아니 한 작가의, 마음을 느끼는 시간이 감동으로 변한다. 젊은 날, 여행하는 마음으로 읽었던 책은 이제 자유란 명제를 화두처럼 던지며 또다시 다가온다. 한해살이에 지친 잎들이 비처럼 흩어지는 길 위에서 아무것에도 매이지 않은 자유란 어떤 것일까 내게 그런 시간이 올까를 생각해본다.

우연 또는 필연

친구의 딸 결혼식청첩장을 받아든 날, 반가움보다는 가슴이 터질듯 답답해서 무엇에 쫓기듯 집을 뛰쳐나왔다. 어디를 어떻게 가겠다는 계획도 없이 내 앞에 서는 버스에 무작정 올랐다. 한낮의 버스내부는 사람이 많지 않아 한산한데 마음속은 불같이 뜨거워 식을 줄을 모른다. 겨울햇빛이 얼굴에 쏟아져 따갑지만 건너편 자리로 옮기는 것조차 귀찮아 눈을 감는다. 버스는 수많은 차의 꽁무니를 따라가며 가다서기를 반복하고 그제야 어디로 가는지 행선지를 둘러보니 여의도공원행이라고 쓰여 있다. 그곳이라면 옛날 군사정권 시절에는 5·16광장이었고 그 뒤 여의도공원이 된 곳이다. 아이들 어릴 때 자전거를 배우고 타기 위해 갔던 곳이고 지금은 온갖 시위장소로 하루도 조용할 날이 없는 곳이기도 하다. 이왕 버스를 탄 김에 한때 아이들과 함께 놀았

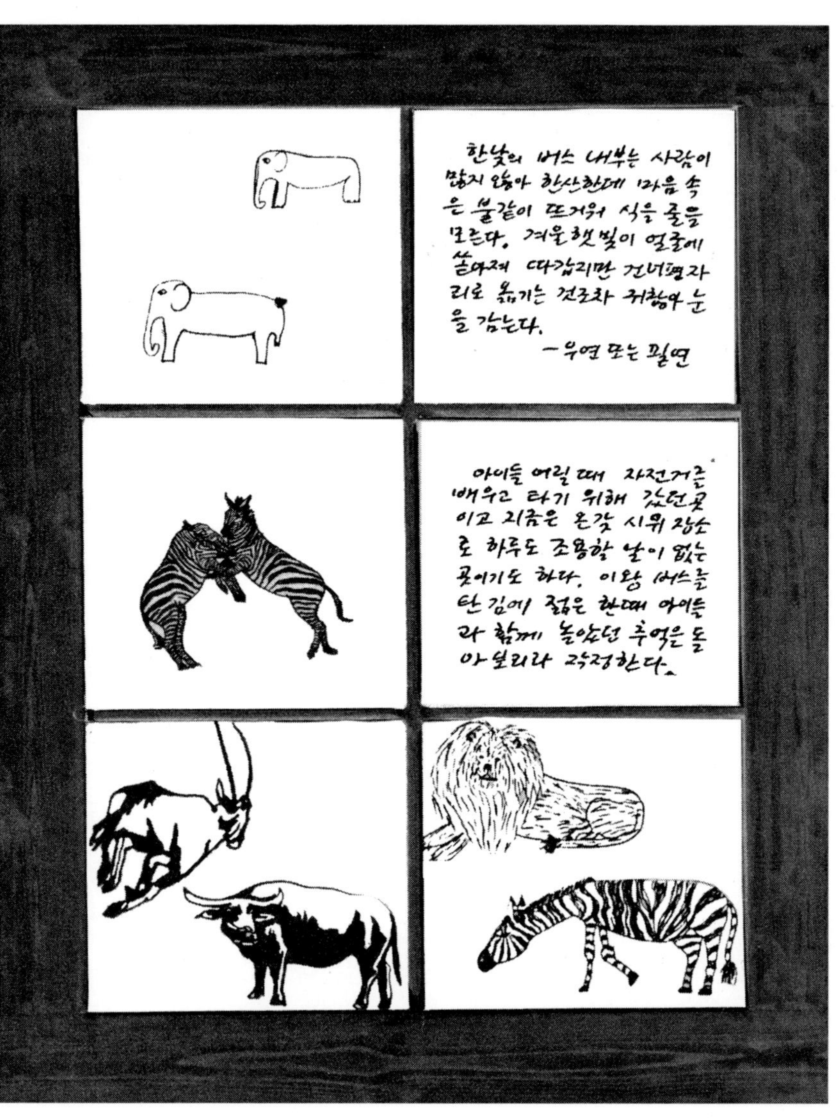
한낮의 버스 내부는 사람이
많지 않아 한산한데 마음 속
은 불같이 뜨거워 식을 줄을
모른다. 겨울햇빛이 얼굴에
쏟아져 따갑리면 건너편자
리로 옮기는 것조차 귀찮아 눈
을 감는다.
—우연 또는 필연
아이들 어릴 때 자전거를
배우고 타기 위해 갔던 곳
이고 지금은 온갖 시위 장소
로 하루도 조용할 날이 없는
곳이기도 하다. 이왕 버스를
탄 김에 젊은 한때 아이들
과 함께 놀았던 추억은 돌
아보리라 작정한다.

던 추억을 돌아보리라 작정한다.

쌍춘년이라고 결혼식이 줄줄이 이어지던 병술년도 일주일정도 남았다. 친지와 친구의 아들딸 결혼식에 기쁜 마음으로 참석하곤 했는데 언제부터인가 그것이 힘이 든다. 딸이 또 해를 넘겨 삼십대 중반의 노처녀가 될 것이라고는 생각해 본 적도 없다. 무슨 특별한 조건을 따지는 것도 아니고 그저 평범한 착한 사람이면 되는데 그들 짝은 어디에 있는지 캄캄한 밤길에 홀로 서 있는 느낌이다. 그나마 동갑짜리 딸을 둔 친구가 곁에 있어 그것을 위안으로 삼았는데 이제 서로 위로하던 의지처마저 없어졌다.

눈을 감고 깜박 졸았나 싶은데 갑자기 배가 살살 아파온다. 생각해보니 집을 나올 때 우유 한 잔 마신 것이 아무래도 탈이 난 것 같다. 어떻게든 참아보려고 애를 쓰지만 점점 아픈 속도가 빨라지고 더는 참기가 어렵게 되었다. 마침 버스가 정류장에 도착하고 어디인지 확인할 겨를도 없이 뛰어내렸다. 급하게 가까운 은행을 찾아들어가 실례를 하고 나와서야 여기가 어딜까 둘러보니 낙성대라는 표지판이 보인다.

여의도행 버스를 다시 탈 마음은 이미 없어졌다. 그곳에서 누가 나를 기다리는 것도 아니고 마음과 몸이 천근만근 무거워져서 앉아 쉴 곳을 찾아 길을 따라 걷는다. 서울에 그렇게 오래 살면서도 낙성대주변은 처음이다. 하지만 사람 사는 곳은 어디나 비슷해서 둘러보아도 특별한 것이 없다. 아파트와 주택과 교회가 이어지고 어김없이 골목에는 차들이 즐비하다. 한참을 가다보니 큰 돌에 '낙성대'라고 쓰여 있고 안국사라는 절 모양 비슷한 기념관이 보인다. 안내판을 보니 이곳은 강감찬 장군이 태어난 곳이라 쓰여 있다. 별이 내려앉는 것을 보고 따라가니 한 아기가 태어났고 장군이 되어 나라를 위해 큰일을 하였다. 근세에 와서야 그곳을 개발하여 별이 떨어진 곳이라 하여 낙성대라 하고 장군의 공덕을 기리는 초상화를 모셨다.

그렇게 안국사 구경을 하고 느릿느릿 걸어나와 계단 앞에 섰을 때 누군가 나를 유심히 쳐다보는 할머니 한 사람이 있다. 그는 조심스레 내게 다가와 혹시 태연이어머니 아니냐고 묻는다. 태연이는 큰아들 이름이다. 그렇다고 대답하며 살펴보니 젊은 시절 우리 윗집에 살던 아주머니다. 새댁 시절 야무지게 살림을 잘해서 그에게 많은 것을 배웠는데 서로 이사를 가고 연락이 끊어졌다. 몇 년을 친하게 지냈는데 왜 그렇게 기억에서 지워졌는지 알 수 없지만 전혀 엉뚱한 곳에서 갑자기 내 앞에 나타난 그녀가 놀랍다.

그도 그 동네에 사는 것이 아니라고 한다. 아들이 낙성대 쪽에 사는데 손자를 봐주기 위해 며칠 와있는 중이라고. 생각해보니 참으로 기이하다. 정처 없이 버스를 타고가다 갑자기 배가 아파 내린 곳에서 그것도 한참을 걸어 들어간 낙성대에서 30년도 훌쩍 넘은 옛사람을 만나게 되다니.

우리 삶이 인연으로 이루어져 있다는 것을 모르지는 않지만 갑자기 내 앞에 나타난 그녀 때문에 좀 혼란스럽다. 불가에서는 만남은 시절인연이 와야 이루어진다고 들었다. 그 이전에 만날 수 있는 씨앗이나 요인이 내면의 잠재의식 속에 갖추어져있지만 시간과 공간이 적절하게 합쳐지지 않으면 만나지 못한다. 꽃과 나무도 봄이 와야 피어나고 가을이 되면 땅으로 돌아가는 이치와 같다할까. 또 모든 것은 필연으로 이루어진다고 하는데 그럼 오늘 이 순간 그와 내가 이곳에서 만나야만 하는 그 무엇이 남아있었을까.

싱싱하던 고운 모습은 어디로 가고 영락없는 할머니인데 그녀는 오히려 나를 많이 늙었다며 안타까워한다. 아는 사람 하나 없는 서울에 맨몸으로 올라와서 지독히도 고생하던 내 젊은 날을 기억하기에 그는 지금도 사는 것이 편치 않느냐며 넌지시 물어본다. 그제야 정신이 들어 나를 보니 어이가 없을 정도로 정리가 안 된 모습이다. 얼굴은 화장기가 없이 치자물을 들인 듯 누렇고 옷은 낡은 패딩점퍼에 그 흔한 핸드백도 들지 않았다. 누가 무어라 해도 사람의 첫인상은 고운 화장과 입성인데 답답한 마음에 쫓기듯 집을 나온 이유를 설명하기가 쉽지 않다.

검버섯이 그득한 그녀의 손을 만지다 그 까칠한 감촉에 놀란다. 그리고 흘러간 시간의 무게가 가볍지 않음을 느낀다.

붕어빵 천원어치를 사들고 구석자리 계단에 나란히 앉는다.

서로 살아온 날들을 빠른 필름이 돌아가듯 간단하게 주고받는다. 남편은 어떻게 지내고 또 아이들은 무엇이 되었는지 이야기하였지만 자식걱정으로 편치 않다는 말은 입속에만 맴돌 뿐 꺼내 보이지 못한다. 아직도 버리지 못한 자존심 하나가 어디에 숨었다 나왔는지 지금은 형편이 나아졌다는 객쩍은 소리만 되풀이한다.

그와 헤어져 돌아오며 물결치던 마음은 정리되었다. 안국사 앞에서 그녀와의 조우는 잠시 후도 모르는 인생길을 가르치는 사자후 같다. 모든 것이 정해져 있다면 아이들의 짝도 어느 날 눈앞에 필연으로 나타날 거라는 희망을 건져 안고 버스에 오른다.

지켜준다는 것

다섯 시간을 달려 지방의 소도시로 왔다. 5년째 식물인간으로 누워있는 친척의 병문안을 위해서다. 가을 하늘은 언제 보아도 시원하고 맑다. 단풍과 꽃과 하늘만 본다면 이 세상 어디에도 삶의 괴로움은 없을 것 같다. 하지만 한 발짝만 인간 세상 속으로 들어가면 산다는 것은 괴로움과 고통의 여로다.

그녀는 몸과 목에 여러 개의 줄을 달고 누워있다. 눈은 뜬 채 깜박이지만 초점은 없다. 정말 그것은 생각해 본 적도 없는 일이다. 건강검진을 위해 병원에 간 것인데 검진 중에 의식을 잃었고 무엇이 잘못되었는지도 모른 채 세월만 흘렀다. 그녀의 몸은 점점 굳었고 죽은 것은 아니지만 살아있는 것도 아니다. 자신이 어디쯤 있는지 알지 못하지만 그래도 신기한 것은 말을 걸면 눈을 깜박이며 반응을 보인다. 손을 잡고 얼굴을 들여다보자 그녀의 큰 눈에서 눈물이 흘러내린다.

그의 남편은 알뜰히도 아내를 쓰다듬으며 반응하는 것을 보라며 언젠가는 깨어날 거라 희망을 이야기한다. 슬하에 5남매의 자식을 두었지만 모두 각각의 사정으로 바빠 이제 그녀는 오로지 칠순을 넘은 남편의 몫으로 남았다. 몸 이곳저곳은 이미 굳을 대로 굳었고 손발도 오그라져 경직되었다. 기적이 일어나지 않는 한 회생하기 어려울 것 같은데 그의 남편은 많이 좋아졌고 나아지고 있다는 말을 되풀이 한다. 갑자기 무슨 고약한 냄새가 병실에 가득 찬다. 남편은 아내의 아랫도리를 능숙하게 벗기고 기저귀를 갈기 시작한다. 여자의 몸, 죽기 전에는 누구에게라도 보이고 싶지 않은 치부를 여지없이 드러낸다. 나무 등걸 같이 굳은 몸, 남자는 익숙하게 물티슈로 꼼꼼히 닦고 약을 바르고 가루분을 칠하고 다시 귀저기를 채운다.

냄새를 빼기 위해 창을 열며 "개운하지." 하고 말하는 남자의 얼굴은 박꽃 같다. 그녀도 알 수 없는 다른 표정을 지으며 무슨 말을 할 듯 입을 씰룩 거린다. 24시간을 함께하며 지켜주는 든든한 남편, 이렇게라도 함께 할 수 있는 것이 감사하다는 말을 들으며 부부의 의미를 생각해본다. 남남으로 만나지만 어느 순간 낳아준 부모보다 더 가까운 사이. 그녀는 분명 살아오며 좋은 인간관계를 유지한 행복한 여인이다. 그것은 순간순간 최선을 다해 살아온 사람만이 누리는 선물이다. 요즘 들어 이런 생각을 많이 한다. 은행에 저축을 해놓지 않은 사람은 찾아 쓸 돈이 없다. 부지런히 일하고 가족과 이웃에게 마음을 다했기에 식물인간 5년을 사랑으로 보상받는다. 하지만 만약 조금만 의식이 있다면 몸에 링거줄을 매달고 삶을 계속하고 싶을까. 왜 떠나도록 도와주지 않는지 그것을 원망할 것 같다. 기도에 연결된 줄로 죽을 흘려 넣는 것을 보며 내일을 모르는 우리의 한계를 본다.

가족이라 해도 아프고 힘들 때 모두 함께하기는 어렵다. 일도 해야 하고 생활도 해야 한다. 무엇보다 산사람은 살아야 하기에 가족 중에 중환자가 생기면 보통 간병인의 손을 빌리게 된다. 그녀의 남편은 한시도 아내 곁을 떠나지 않는다. 모든 사회적인 일을 접고 도와주는 사람도 없이 혼자 아내의 병수발을 한다. 간병인들이 환자를 막 다루고 심지어는 때리는 것을 여러 번 보았다고 했다. 사랑하는 아내를 그런 대접을 받게 할 수 없단다. 젊은 시절 가족을 위해 헌신한 것을 생각하면 더 잘해주지 못해 미안할 뿐이라 말하니 그녀가 순간 부럽다.

예쁘고 정갈하던 모습은 누가 앗아 갔을까. 오그라든 그녀의 손을 잡으니 무슨 말을 하고 싶은 듯 표정이 일그러진다. 삶과 죽음의 경계선에 저리도 오래 서 있는 것은 무슨 이유일까. 아직도 못다 한 꿈이 남아서, 아니면 살아있는 그 자체가 행복이라는 남편의 의지 때문에, 그것은 아닐 것이다. 우리에게는 생사의 권한이 없다. 그렇게 생명을 연장하는 것도 필시 이유가 있을 것이라 여기니 마음이 좀 편안하다.

그의 남편이 지성으로 아내를 돌보는 것은 건강하던 시절에 쌓았던 신뢰의 결과다. 이것이 있으니 저것이 있듯 독자적으로 이루어지는 것은 없다. 노년에 가족에게 버림받아 슬퍼하는 노인들을 많이 본다. 어떻게 남편을 아내를 부모를 버릴까 싶지만 그들의 살아온 시간의 모습에서 원인을 찾을 수 있다.

나 역시 석양 앞에 서 있기에 떠나는 순간을 생각하는 시간이 많아졌다. 만약 병이 들어 스스로 몸을 건사하지 못할 때는 어떻게 해야 할까 고민도 한다. 긴 병에 효자 없다는데 추하지 않게 마무리를 잘했으면 하는 바람일 뿐 선택할 수 있는 것은 없다.

어두운 병실에 있다 밖으로 나오니 햇빛은 여전히 빛나고 부드러운 바람은 몸을 감싼다. 세상은 아픔이 가득한데 파란 하늘은 어디에 슬픔이 있는지 잊게 한다. 생이라는 것은 파도가 생겼다 사라지는 것과 같다 했으니. 파도는 바다 안에서 영원하기에 없어지는 것이 아니라 또 다른 파도가 되어 항상 그 자리다. 하늘이 저리 높고 맑은 것은 힘든 생에 잠시 쉬어가라는 신의 배려가 아닐까싶어 바라보고 바라본다.

한 편의 노래 시

이른 봄의 바람은 차다. 눈물이 가득 매달린 내 얼굴은 그 어느 때보다 시리다. 벽제화장장에는 쉴 사이 없이 장례버스가 들어오고 태워지기를 기다리는 시신은 줄을 서 있다. 굴뚝에서 올라오는 연기는 바람과 합수되어 날아가는데 하늘은 아무 일 없다는 듯 맑기만 하다. 곧 한줌의 재로 변할 큰오빠는 살았을 때도 매사 세상사에 뒤처지기만 하더니 태워지는 그 차례마저 쉬 돌아오지 않는다.

그동안 곁을 알게 모르게 떠나간 사람은 많았다. 그들의 떠남을 두고 매번 슬픔을 느꼈지만 가슴에 오래 머물지는 않았다. 그러나 피를 나눈 형제의 죽음은 형언키 어려운 고통으로 다가온다. 큰오빠는 삶에 서툰 사람이었다. 도무지 요령을 모르는, 그래서 남들이 얻는 어느 것 한 가지도 자신의 것으로 만들지 못했다. 하지만 내게는 일찍 돌아가신 부모님을 대신해서 든든한 버팀목이 되어 주었다. 비록 세상은 그의 값어치를 알아주지 않았지만 나는 그가 얼마나 선하고 정직한 사람이었다는 것을 안다.

오빠 나이 한창이던 사십대에 예고도 없는 비극이 찾아온다. 직장상사의 회갑잔치에 다녀오다 교통사고가 난 것이다. 같이 타고 있던 사람이 거의 죽은 큰 사고였고 불행 중 다행인지 오빠는 다리를 다쳐 중증장애인이 되고 말았다. 사고가 난 차는 보험처리도 되지 않는데 다니던 회사에서는 황급히 사표를 받아 갔다. 이어지는 많은 수술로 가세가 기울고 몸이 상해가도 어디 하소할 곳이 없었다. 요즘은 장애인의 대우가 많이 나아졌지만 그때만 해도 다리를 못 쓰는 사람은 세상 어디에도 속할 수가 없었다. 결국 생의 반을 장애와 통증 속에서 보내야했고 그 스트레스로 술을 마셨다. 말년에는 대장암 진단을 받아 몇 번의 수술과 항암치료를 받았지만 더 심해지기만 할 뿐 나아진 것은 없었다. 곧 명줄을 놓게 될 것을 뻔히 알면서도 호기롭게 담배와 술을 즐겼고 빨리 떠나고 싶다는 말을 무슨 노래처럼 했다. 그리고 너무도 담담히 찾아온 죽음을 받아들였다. 한시도 가만 있지 않고 찾아오는 통증을 안고 어쩌면 그렇게도 고요할 수 있는지 그 모습이 더 눈물겹다.

어둠이 내려앉은 늦은 시각에야 오빠의 시신은 불구덩이로 들어가고 나는 그동안 쌓인 갖가지 설움을 보태고 버무려 울고 또 울었다. 태어났다 사라짐은 순리라는 것을 모르지는 않는데 왜 눈물은 멈추지 않는지. 앞서거니 뒤서거니 모두 떠날 것인데 무엇이 아쉽다고 울고 있는지 그것을 이해할 수가 없다. 비록 장애인이지만 칠십 평생을 사셨으니 짧다 할 수 없는데 바닥이 보이지 않는 슬픔의 의미는 무엇일까. 가신 이가 못내 그리워서, 그것은 아닌 것 같다. 숨이 멎는 순간까지 초롱거리던 눈동자, 내 손을 꼭 잡아주던 따뜻한 체온, 그것도 아니다. 왔으면 떠나야 되는 당연한 이치를 아직도 받아들이지 못하는 내 어리석음 때문이다.

삶은 외로운 여정이다. 고통과 병고의 아픔은 왜 그리 심한지, 결국 모든 것은 혼자 감당해야 하고 아무도 대신해 주지 못한다. 화장장에는 병으로 아니면 사고로 오는 이들로 늘 만원이다. 오빠가 타고 있는 옆에는 아들을 먼저 보낸 한 노인의 끝없는 울음소리가 있었다. 손녀를 데리고 온 할머니였는데 그 울음소리는 가슴 저 밑바닥에서 올라오는 통곡이었다. 어린 딸을 두고 떠난 아들에게 욕을 퍼붓다가 꺼이꺼이 울음을 토하는 것을 보며 한줌 연기로 사라지는 우리의 끝을 실감한다. 화장장의 광경을 보고 있는 순간은 모두 철학자가 된다. 마음을 비우고 살겠다고 맹세하지만 세상 속으로 들어가면 그 모든 것은 까맣게 잊는다.

옥빛 도자기 속에 한 줌 재로 들어앉은 오빠와 내려오는 늦은 밤길, 초 삼월의 차가운 바람이 옷깃을 헤집는다. 이 공기와 하늘은 어제와 달라진 것이 없는데 한 사람은 어디로 갔을까. 누구에게나 찾아오는 죽음이라는 것. 머지않아 그것이 내 앞에 올 것이라는 것을 안다. 두렵고 아픈 순간을 순리로 알고 담담히 받아들인 오빠, 과연 나도 그렇게 의연하게 잘해 낼 수 있을지 그것을 생각해본다. 지나치다싶을 정도로 슬퍼하는 내 모습이 안쓰러웠는지 아니면 우매해 보였는지 매사 모든 일이 분명한 작은오빠가 갑자기 시 한 편을 들려준다. 서너 가지 안주를 앞에 놓고 막 소주잔을 기울이던 순간이다. 우리 모두 이제 한 세상의 끝에 와있으니 생과 사를 좀 다른 시각으로 바라볼 때가 되지 않았느냐며 시를 외운다.

어느 아프리카 인디언 묘석에 새겨진 시로 작자는 미상이라 한다.

천의 바람이 되어

내 무덤 앞에서 울지 마세요.
나는 그곳에 없답니다.

그곳에 잠들어 있지도 않습니다.
천의 바람이 되어 천의 바람이 되어

저 넓은 하늘을 날아다니고 있을 거예요.

가을에는 햇살이 되어 들판을 비추고
겨울에는 다이아몬드처럼 반짝이는 눈이 되고
아침에는 새가 되어 당신을 깨우고
밤에는 별이 되어 당신을 지켜 볼 거예요.
내 무덤 앞에서 울지 마세요.
나는 그곳에 없답니다.

천의 바람이 되어 천의 바람이 되어
저 넓은 하늘을 날아다니고 있을 거예요.

작은오빠의 나직한 음성은 마치 감전이 된 듯 내 가슴으로 파고든다. 이 시는 일본인 아라이 만이 노래로 불러 널리 알려졌다고 한다. 한 편의 시가 주는 감동은 실로 컸다. 소중한 사람을 잃고 슬픔을 안고 사는 이에게 격려와 치유를 도우는 효과가 있다고 한다. 파도같이 출렁거리던 내 마음도 일순간 고요해졌다. 우리들 얼마를 더 있다간들 오늘과 그날이 다를 것이 없다. 불편한 다리 때문에 반평생을 아무 곳도 가보지 못한 사람, 한 점 바람과 합류하여 무심으로 향해갔으니, 이 하늘 저 가지를 날아다니며 좋아라 춤추는 모습이 눈에 보이듯 선하다. 이제는 울지 않겠다. 저 바람 속에 내 곁을 떠난 사람들, 아버지, 엄마, 오빠가 함께 있기 때문이다.

하 루

자명종

아침 그 시간, 어김없이 울리는 시계소리에 눈을 뜬다. 낡은 자명종시계는 긴 세월 고장도 없이 정확하게 나를 깨운다. 오뚝이처럼 벌떡 일어나던 몸이 요즘 들어 천근만근, 좀 더 자고 싶다는 마음과 일어나야 한다는 재촉으로 갈등한다. 언제부터인지 잠을 자도 잔 것 같지 않은 만성피로로 아침시간은 거의 혼미상태다. 밥을 하고 상을 차리면서도 누울 자리만 보인다. 나이 들면 잠이 줄어든다지만 밤에 불면증에 시달리니 더구나 맑은 정신이 없다. 가족들이 순서 따라 나가는 사이사이에 쏟아지는 졸음과 전쟁을 한다. 모두 출근하고 혼자된 시간, 마침내 소파에 길게 눕는다. 하지만 곧바로 용수철처럼 일어나고 만다. 소중한 하루를 아껴 써야 한다는 강박관념 때문이다.

설거지를 하며 커피를 끓인다. 원두를 내리고 프림과 설탕을 듬뿍 넣은 진한 커피를 만든다. 창가에 서서 코끝에 잔을 대고 향을 음미한다. 이 시간이 하루 중 가장 편안하고 좋은 순간이다. 긴 세월 바라본 창밖은 새로운 것이 있을 리 없다. 늘 그 자리에 서 있는 몇 그루의 나무와 잔디밭, 그리고 지금은 무용지물이 된 거대한 굴뚝이 변함없는 풍경을 만들고 있다.

며칠 동안 비가 온 뒤끝이라 모처럼 하늘은 개였다. 하지만 잠깐의 평안은 온갖 소음과 함께 사라진다. 누구 집에서 집수리를 하는지 드릴소리가 들리고 하늘에는 비행기 편대가 줄을 이어 날아간다. 서울비행장이 가까이 있어 귀빈들이 도착하신 것 같은데 폭음이 끝나기를 기다리며 하늘을 올려다보니 마치 쥐라기시대 새 떼가 날아가는 것 같다. 굴뚝 끝에 살고 있는 황조롱이도 놀랐는지 덩달아 떠오른다. 길 잃은 매미 한 마리가 방충망에 매달려 악을 쓰며 운다. 매미도 시끄러운 소리에 갈 곳을 잃어 자신이 의지했던 나무를 잊었나보다. 그리고 잠시 드릴과 비행기와 매미의 소리가 뚝 끊긴 정적의 시간이 찾아온다. 높은 산에 올랐을 때 귀가 멍한 현상처럼 순간 막막하다. 온갖 소리에 길들은 마음은 그 시간을 어떻게 해야 할지 모른다. 어제 집에 들어올 때 현관번호가 생각나지 않아 이 번호 저 번호를 수없이 눌러대던 하얀 내 머릿속과 비슷하다.

한낮

추한 모습을 감추기 위해 약간의 화장과 옷으로 포장하여 집을 나선다. 자잘한 가정사 몇 가지의 일을 끝내면 운동 삼아 무용을 배우러간다. 무릎인대를 다쳐 오랫동안 제대로 걷지를 못했는데 2만원이면 한 달을 다닐 수 있고 이웃사람들도 만나 이야기하며 동네소식도 듣는다. 어려서부터 한국무용을 배우고 싶었지만 여러 가지 사정으로 근방에도 못가보고 이제야 그것이 어떤 것인지 그 향기나마 맛본다.

회원들 모두는 생물학적으로는 분명 할머니들이지만 좋은 세월 탓인지 옛날 같이 꼬부라진 노인은 없다. 서로 더 예쁘게 보이려고 진한 화장과 화려한 옷을 차려입는다. 세상 돌아가는 것도 모르는 것 빼고는 다 아는 멋쟁이들이다. 하지만 국악의 향기에 취해서 춤추고 있는 모습을 뒤에서 보면 웃음이 난다. 선생은 분명 똑같이 가르쳤는데 나를 비롯해 춤추는 모습은 각양각색이다. 어떤 이는 제법 운율을 타며 몸이 유연한가 하면 또 누구는 마치 뻗정다리 허수아비가 바람에 흔들리는 것 같다. 친구를 만나 요즘 배우고 있는 노래며 무용에 대해 자랑삼아 말했더니 그것이 바로 노인생활로 가고 있는 과정이라나. 모두들 만년을 그렇게 보내는데 세상일을 혼자 하는 듯 뛰어다니다가 이제라도 그 길로 들어섰으니 매우 바람직하다며 칭찬인지 무언지 모를 웃음을 흘린다.

저녁 무렵

빈집에 일찍 들어가고 싶지 않아 작정 없이 호수 쪽으로 발걸음을 옮긴다. 아니 정확히 말해서 나의 하루를 조금이라도 더 붙잡고 싶다고 해야 옳다. 빌딩 사이로 서서히 해가지고 있다. 노란 물감을 듬뿍 발라 놓은 맷방석 같은 황금 해가 건물 창들을 물들이며 지나간다. 금물을 바른 듯 번쩍이는 창을 보자 어린 날 어떤 한곳이 선명히 떠오른다.

초등학교 시절 우리 학교는 산중턱에 자리하고 있었다. 어느 날 오후, 집에서 학교를 올려다보니 창들이 빨갛게 불타고 있는 것이 아닌가. 처음에는 학교에 불이 난 것이라 생각했다. 노을빛을 알 리 없는 아이의 가슴은 놀라움으로 떨려 무엇에 이끌리듯 산으로 내달렸다. 6・25사변 후 임시로 지어진 볼품없이 초라하던 학교는 넘어가는 태양빛을 받아 동화 속에 나오는 중세의 황금성으로 변했다.

숨이 넘어가게 달려 운동장에 도착했을 때 마침내 해는 산 너머로 꼴깍 넘어가고 조금 전 보았던 금빛 찬란한 곳은 그 어디에도 없었다. 마치 밤 12시에 사라져 버린 신데렐라의 호박 마차처럼 모든 것은 순간에 사라지고 칙칙한 창들이 어둠을 머금고 있었다. 나는 무서움과 함께 알 수 없는 서러움이 차 올라와서 내려오는 내내 울었던 기억이 있다.

하루의 연속이 우리 삶이요, 그것이 모여 일생을 이룬다. 돌아보면 한세상 신기루였다. 살아온 수많은 날들 중에 과연 몇 날이나 행복했는지 그런 날이 있기나 했는지 모르겠다. 무심히 왔다 가버리는 시간 속에 내 고단한 하루가 섞여있었다.

요즘 들어서야 무엇이 사람을 행복하게 하는지 조금은 알 것 같다. 내 몸을 쓸며 지나가는 바람 한 조각, 푸른 하늘, 그 밑에 재잘거리는 아이들, 우연히 보게 되는 꽃망울 터지는 모습은 무엇과도 바꿀 수 없는 행복이다. 어릴 때 보았던 운동장의 황금빛 성은 태양이 만들어낸 신기루였던 것처럼 생도 꿈을 꾸다 끝난다. 사람으로 태어나서 옷 한 벌을 건졌으니 수지 맞는 장사라는 어느 가수의 노랫말처럼 아름다운 세상을 충분히 보았으니 괜찮은 하루다.

한마디의 말

3살짜리 손녀가 그림놀이를 하는데 크레파스를 왼손에 쥐고 그린다. 얼른 뺏어 오른손에 쥐어 줬지만 금방 왼손으로 다시 옮긴다. 혹시 싶어 관찰하니 그림을 그릴 때뿐 아니라 다른 것을 들거나 만질 때도 왼손이 먼저 나온다. 왼손잡이는 유전이라니 또 한 명의 왼손잡이가 생겼구나 싶어 미안한 마음 그지없다. 걱정도 되고 애가 타서 연필을 잡을 때마다 손을 바꾸어주는데 어쩐 일인지 아이엄마인 며느리는 태연하다.

나는 왼손잡이였다. 어린 시절 엄마는 내가 왼손잡이인 것을 못 견디게 싫어하셨다. 왼손으로 밥을 먹거나 글씨를 쓰면 가차없이 수저로 손등을 때렸다. 왼손잡이를 무슨 병신 취급하듯 했고 어린 마음에 상처가 컸다. 또 모든 생활용품이 오른쪽으로 되어 있어 불편한 점도 많고 남과 다른 것도 싫어 바꾸려고 애써 보았지만 잘되지 않았다. 학교에 다니게 되면서 선생님도 꾸중을 하고 친구들도 놀려 연필을 오른손으로 잡아보면 손에 힘이 없고 글씨는 무엇을 썼는지 알아보는 이가 없을 정도로 악필이다. 수없는 꾸중을 들으며 그나마 할 수 있게 된 것이 숟가락 들기와 글씨쓰기 정도, 그 외 바느질이나 칼과 가위질은 연습을 해도 잘되지 않았다. 그것이 내 의지대로 되는 것이 아니라는 것을 후에 알았지만 무엇을 해도 어설퍼 보인다는 지청구를 들으며 커야했다. 그러다보니 남 앞에 나서서 손수 무엇을 하는 것을 피하게 되고 매사에 움츠리는 성격으로 변했다.

엄마는 손끝이 야무진 사람이었다. 동네의 잔치 집에 단골로 초빙되어 상객(上客)들의 상을 보는 일을 많이 했다. 무슨 요리든지 엄마 손이 가면 마술을 부린 듯 화사하고 맛있어 특히 문어나 오징어를 가위로 자르면 전위예술작품처럼 독특한 꽃모양이 되었다. 그러기에 마을에서는 저이는 죽으면 손을 내놓고 묻어야한다는 말까지 들었다. 하루 종일 손을 가만두지 않고 일을 하며 집안을 닦고 또 닦는 엄마가 볼 때 나는 모자란 딸이었다. 부엌일을 시키다가도 칼을 왼손에 어설프게 들고 있는 것을 보면 누가 볼세라 얼른 밀어내곤 했다. 특히 어떤 일이든 야무지게 척척 잘해내는 언니 옆에서 내 모습은 더 초라했다. 그러다보니 엄마의 솜씨 그 어느 것도 물려받지 못했다.

왼손잡이인 딸 때문에 걱정이 최고조에 달한 것은 내 결혼을 앞둔 때였다. 무슨 일을 해도 어설퍼 보이니 단박에 시어른들의 눈밖에 날거라는 염려 때문이다. 그래서 결혼을 하고 시댁으로 들어 갔을 때 어떻게든 왼손잡이라는 사실을 숨기려고 애썼다. 부엌일을 할 때 손위 동서나 어른들이 계시면 야채를 씻거나 닦기를 하고 혼자 있을 때 썰기를 해두는 나름대로 요령을 부렸다. 그렇게 조심을 했지만 비밀은 오래갈 수 없는 법, 시누이가 결혼을 하게 된다.

집 마당에서 혼례를 치르는데 그 전날 대소가의 어른들이 다 모여 음식을 만든다. 방에서는 시어머니를 비롯해 시고모님들과 형님들이 준비한 음식들을 다듬고 썰고 있고 나는 부엌에서 설거지며 허드렛일을 했다. 어른들이 다 계시는 방에 들어가기가 부담스러워 미적거렸지만 언제까지고 밖에만 있을 수 없었다. 손을 닦으며 들어가니 어머니는 기다렸다는 듯 돼지 한 마리를 삶아 벌여놓은 소쿠리를 밀며 얇게 썰어 담으라한다. 시누이 결혼 말이 있을 때부터 예상했던 걱정이 눈앞에 왔다. 식은땀이 나며 이 상황을 어떻게 극복해야 할지 아득하다. 하지만 누구의 명이라 거역하랴 나는 어찌되었든 칼을 잡아야만 했다.

어설픈 폼으로 불과 몇 조각을 썰었을까 싶은데 큰시누이의 비명 같은 한마디가 터진다.

"아니, 올케 왼손잡이야."

방안의 모든 눈이 내 손으로 향하고 그토록 염려하던 순간은 오고 말았다. 스물세 살의 그때, 무엇 하나 아는 것이 없었기에 큰 죄라도 진 듯 고개만 숙였다. 하지만 사람은 죽으라는 법은 없는 모양, 위채에서 집안어른들과 담소를 하고 있던 남편이 들어왔다. 그 역시 내가 왼손잡이인 것을 몰랐으니 알고 왔을 리는 없지만 상황을 어떻게 알아챘는지 몇 마디 다른 말을 하는 듯하다 갑자기 이렇게 말한다.

"집사람은 왼손잡이가 아니고 양손잡이에요. 저는 굉장히 좋다고 생각합니다. 앞으로는 한손만 쓰는 것보다 양손을 다 쓰는 사람이 유리합니다. 좌뇌와 우뇌가 골고루 발달해서 머리도 더 총명하고 치매나 중풍에도 잘 걸리지 않는 장점이 있습니다. 그래서 미래의 아이들은 일부러 양손을 다 쓰는 교육을 시킬 거라는 말까지 있습니다."

어디서 들은 학설인지는 모르지만 방안에는 두런두런 수긍을 해주는 분위기다. 그의 말 한마디에 왼손잡이 병신에서 졸지에 발달된 미래인간의 전형으로 격상되는 순간이다. 분위기는 반전되어 방안의 여자들은 자신도 왼손으로 썰어보겠다며 손을 바꾸기도 하고 왼손으로는 아무것도 할 수 없으니 나중에 치매나 중풍이 오면 어찌하느냐는 걱정까지 미리 당겨서한다. 물론 시어머니는 못내 못마땅한 표정을 지으셨지만 드러내어 타박하지는 않았다. 그 후에도 누군가 내 왼손에 대해서 이야기하면 남편은 앵무새처럼 똑같은 말로 위축된 마음을 살려주었다.

사람과 사람 사이에 한마디의 말이 주는 의미가 대단하다는 것을 그때 알았다. 부부나 친구 간에도 예상치 못한 한마디로 서로 상처를 주고받고 돌이킬 수 없는 길로 들어선다. 칭찬은 고래도 춤추게 하고 한마디의 말이 천냥 빚을 갚는다 했다. 살다보면 본의 아니게 험한 말도 하지만 결정적 상처를 주는 말을 해서는 안 된다는 것을 그때 알았다.

사람은 사랑과 칭찬으로 자라야한다. 어릴 때 어른들이 해주는 한마디의 칭찬이 그 사람의 삶을 바꾼다. 믿어주고 인정해주는 데는 재산의 있고 없음은 문제가 되지 않는다. 부모는 한 생명에 대한 진정한 감사로 아이를 길러야한다. 이렇게 말하는 나 역시 좋은 엄마는 되지 못했다. 층층시하로 살면서 늘 바쁘다는 핑계로 그 흔한 여행이며 야외놀이도 같이 해주지 못했다. 원망하며 닮는다더니 잘한 것은 칭찬하지 않고 잘못한 것만 꾸중했고 마음의 소리에 귀 기울이지도 못했다.

시크릿 현상이라는 말이 있다. 좋은 말과 생각을 하면 실제 좋은 일이 생기고 남에게 나쁜 감정이나 미워하는 파장을 보내면 우주는 정확히 그것을 보낸 사람에게 되돌린다는 이론이다. 젊은 그때 긍정적인 한마디는 나를 변화시켜 정말 두 손을 고루 쓰는 양손잡이가 되었다. 오른손으로 바느질과 뜨개질을 배워 온갖 무늬를 넣어 가족들 옷을 짜주게 되고 웬만한 일은 오른손으로 해서 내가 왼손잡이인 것을 모르는 이웃이 더 많다.

요즘은 당당히 왼손을 쓰는 사람들이 많아졌다. 얼마 전 TV에 나오는 유명요리사가 왼손으로 요리를 하는 것을 보았다. 조금도 위축됨이 없이 칼을 왼손에 들고 요리를 하며 설명을 하는 것을 보고 세상이 변했음을 실감했다. 일찍 돌아가신 엄마도 내가 왼손 때문에 소박을 당하지도 않고 오히려 미래인간형으로 격상되어 산다는 것을 아셨다면 걱정을 놓으셨을까. 이제와 생각하면 사실 한 몸에 있는 두 팔인데 어느 손을 쓴들 무엇이 문제인가.

손녀는 왼손을 쓴다고 꾸중 듣지도 상처받지도 않는다. 며느리는 사랑과 칭찬으로 두 손을 고루 쓰는 법을 잘 가르치고 있다. 나도 연필을 빼어 오른손에 쥐어주는 일을 그만 두었다. 그 아이도 자라면서 불편하다면 스스로 터득하고 배워 나갈 것을 이제는 알기 때문이다.

건 배

언제부터였을까. 한 잔의 술을 들고 꼭 이런 멘트를 하며 건배를 한다. 9988-234 처음 그 말을 들었을 때 무슨 암호를 외치는 것 같았다. 무슨 뜻인지 물어보니 구십구세까지 팔팔하게 살다가 2, 3일 아프다 죽겠다는 의미라 한다. 누가 만들었는지 모르지만 참 기발하기는 하다. 건강하게 오래 살기를 바라고 많이 아프지 않고 떠나기는 모두의 소망이다. 그 꿈은 인간 오복 중의 하나로 모두 원하지만 그렇게 살다가기가 쉽지 않다.

TV에서 100살이 넘은 두 노인의 생활을 방영한 적이 있다. 한 분은 104살로 자전거를 타고 다니며 깨진 유리를 갈아주는 일을 하고, 또 한 사람은 수학선생 출신인데 지금도 아이들에게 수학을 가르치는 저력을 보여준다. 그 두 사람은 모두 고향이 이북이다. 헤어진 부모 형제를 만나는 그날까지 결코 죽을 수 없어 매일 운동을 하며 체력을 다지고 있다. 부모가 준 몸을 잘 건사하여 한 세기를 맑은 정신을 잃지 않고 산다는 것은 경이롭고 존경할 만하다. 하지만 그런 행운의 주인공은 특별한 소수이다. 대다수의 사람들은 나이 칠십을 기점으로 몸이 하향곡선을 그리며 병원에 들락거린다. 마지막 생의 10년은 여기저기 아프면서 병과 싸우며 보낸다.

시어머니도 85세까지는 창창한 정신으로 언행이 밝아 가족의 어른으로 당당하셨다. 아침에 일어나면 깨끗이 세수를 하고 곱게 밑화장을 하는 것도 잊지 않았다. 비녀를 단정히 꽂고 옷매무새를 만지면 문안 인사를 받고 자식과 손자들에게 그날 할 일을 차질 없이 일러준다. 사회에 나가 처세하는 법을 조근조근 일러주고 칭찬과 꾸중을 잊지 않았지만 그 나이를 기점으로 몸과 정신은 점점 무너져갔다. 어느 날부터인가 이치에 맞지 않는 말씀을 하기 시작하더니 정갈한 모습은 누가 앗아갔는지 사람이 변했다. 치매로 차마 말로 할 수 없는 행동을 보여 모시는 자식으로 두렵고 혼란스러웠다. 그렇게 근 5년여를 더 견디었으니 본인은 얼마나 힘들었을까, 나는 그때 시간이라는 괴물이 당혹스럽고 무섭다는 것을 알았다.

요즘 노인들은 몸이 아프거나 거동이 불편해지면 거의가 요양시설로 간다. 자식이 있어도 집에서 간호하며 모실 수 있는 환경이 많지 않다. 자손들이 불효라서 그런 것이 아니라 각자 피치 못할

사정들이 있게 마련이다. 영리 목적으로 만들어진 요양시설에 어머니를 모셨다가 무참한 꼴을 보고 다시 모셔온 이웃이 있다. 대소변 못 가린다고 엉덩이를 때리고 묶어놓거나 심지어는 수면제를 먹여 강제로 재우는 것을 직접 겪었다고 했다. 그래서 집으로 모셔 왔지만 노인은 고층 아파트의 작은 방에 갇혀 외로움과 싸우며 죽을 날만 기다린다. 자식들은 부모가 무슨 생각을 하며 노후시간을 보내는지 잘 알지 못한다. 가끔 찾아와 들여다본다 해도 자신들 문제만으로도 버겁다. 병든 부모에게 번갈아 찾아와 경제가 어려워져 살기 힘들다 하소연하면 듣는 부모는 도와주지도 못하고 괴로움만 더한다.

일본에서 살고 있다는 120세 노인을 그림으로 보았다. 오래 살고 있어 대단하다고들 하지만 비록 숨 쉬고 있다하나 그것은 산 것이 아니었다. 몸은 작게 오그라지고 얼굴은 온통 주름으로 가득 덥여있다. 손은 떨리고 지팡이 짚은 몸은 위험하게 흔들린다. 마치 주름으로 가득한 작은 외계인을 보는 듯하다. 그런 몸으로 숫자만 채우며 하루를 더 산다한들 그것을 진정한 삶이라 할 수 있을까. 앞으로는 과학의 발달로 몸의 낡은 부분을 부속을 갈아 끼우듯 바꾸며 생명을 연장시킬 수 있다한다. 그렇게 장기를 갈아 끼우면 150살까지 살 수 있다는 어느 박사님의 강의를 들었다. 가정해서 내가 100살을 넘어 산다면 어떻게 될까. 그러면 아들, 며느리가 70을 넘는다. 주변의 친구, 형제, 자식이 모두 가고 혼자 남는다면 생각만 해도 무서운 일이다.

자전거를 타는 유리 할아버지처럼 아무에게도 의지하지 않고 주체적인 삶을 오래도록 영위할 수 있다면 감사할 일이다. 4천만 국민 중에 몇 명의 기적을 두고 평범한 우리가 9988 외치는 것은 아무래도 욕심이 과한 것 같다. 그러기에 그 건배를 가장 싫어하는 것이 며느리들이라는 말이 있다. 웃자고 만든 말이겠지만 그 속에 진심이 담겨 있는 것도 사실이다.

나 또한 황혼 앞에 서 있다. 나이 들어가며 가장 먼저 아픈 것이 어깨며 다리관절이다. 언제부터인가 그렇게 좋아하는 산을 오르지 못한다. 물리치료를 받으러 병원을 들락거리지만 한 번 온 통증은 쉽게 사라지지 않는다. 사는 날까지 가족들에게 짐이 되지 않기를 바라지만 조금 후의 일을 누가 알까.

이제 생각해보니 두려운 것은 늙음도 죽음도 아니다. 태양과 달과 별과 나뭇잎과 꽃들, 이 기적으로 가득 찬 세상을 더는 볼 수 없다는 것이 가장 아쉽다. 이제야 젊었을 때 보이지 않던 많은 것들이 눈에 들어오는데 이별할 시간이 되어가니. 왜 좀 더 일찍 사람과 자연과 내가 하나라는 것을 자각하고 진정으로 껴안지 못했는지 그것을 후회한다. 봄에 새잎이 나서 꽃을 피우고 열매 맺으면 가을에 시들어지는 것은 자연의 이치다. 시간의 흐름 따라 육신은 퇴화하고 병마도 찾아오겠지만 오늘은 이런 건배를 하고 싶다. '남은 시간을 위하여! 건배.'

미안하다

탄천에는 봄빛이 완연하다. 잎은 연초록으로 피어나고 날씨는 알맞게 따뜻하다. 사람들은 삼삼오오 걸어가며 담소를 나누고 그 틈을 나도 느긋이 걷는다. 자전거를 탄 어른과 아이가 지나간다. 대강 보아도 아빠와 아들이다. 무언가 즐거운 이야기를 하며 앞서거니 뒷 서거니 간다. 공을 차며 까르르 웃고 있는 옆으로 인라인 스케이트가 지나간다. 럭비공 같은 모자를 쓰고 화려한 레깅스바지를 입었다. 아빠와 엄마 그리고 아들과 딸이다. 세상에서 그리는 이상적인 가족풍경, 나는 그들이 멀리 사라질 때까지 바라본다.

도열한 개나리꽃들은 그래도 세상은 살 만하다는 것을 말하는 듯 아름다움을 보탠다. 생의 한때 소중한 시간들, 내게도 저런 순간이 있었을까. 생각해 보아도 뚜렷이 떠오르는 장면이 없다. 나는 요즘에서야 무엇을 잘못하고 살았는지를 깨닫는다. 바쁘다는 핑계로 아니면 경제가 어렵다는 이유로 아이들과 함께해야 할 소중한 시간을 놓쳐버렸다. 미래를 위해 현재의 시간은 반납해야 한다고 생각했다. 열심히 공부를 해야 출세한다는 강박증으로 다그치기만 했을 뿐, 그러기에 어릴 때 마땅히 배워야할 여러 가지 지혜를 가르치지 못했다. 그저 때 되면 밥 먹이고 학교 보내는 것이 최선인 줄 알았다. 그 생명들이 어떻게 내게로 왔는지에 대해서 생각해 보지 않았다. 매일 쌓이는 삶의 무게에 눌려 아이의 눈을 들여다보지 못했다. 4남매를 데리고 그 흔한 극장이나 수영장 한 번을 가지 않았다. 더우면 더워서 안 되고 눈 오면 위험해서 못가고 '나중에'라는 말로 위로를 삼으며 세월을 흘려보냈다. 다시는 오지 않을 어린 날의 자잘한 추억을 아이들과 만들고 나누지 못했다.

나는 가끔 젊은 날로 되돌아가는 꿈을 꾼다. 이생에서는 가능하지 않다는 것을 알기에 더 아쉽지만 아이들이 자라던 그때로 돌아갈 수만 있다면 원 없이 모든 것을 함께하고 싶다. 온갖 꽃을 보여주고, 길러보고, 산의 꼭대기에 올라보고, 그곳에서 별을 바라보고, 바다에서 수영을 해보고, 우리 땅을 걸어보고, 요리를 해보고, 그 느낌을 이야기 할 수 있었다면 얼마나 좋을까. 공부하라는 말은 하지 않겠다. 매일 공부 타령을 했지만 공부로서 크게 얻은 것도 없다. 적성 따라 믿어주면 되는 것을 간섭하고 개입했다. 순간순간을 함께하며 자연의 이치와 나눔의 의미를 알게 하고 큰 폭으로 세상을 바라보는 지혜를 가르쳤어야 했는데 그렇게 못했다.

세상에는 훌륭한 부모가 많다. 신사임당이 그 대표적인 예이지만 그중에 정경화, 명화, 명훈이를 키운 어머니도 있다. 일찍이 그들의 재능을 발굴하여 세계적인 음악가로 키우는 데는 그 어머니의 지혜와 노고가 있었다. 대를 이어가며 빛나는 사람 중에는 무엇을 하던 믿어주고 격려해주는 큰 마음의 부모가 그 옆에 있다. 전쟁 속에서도 자식을 큰 일꾼으로 키워낸 어머니, 그런 장한 어머니들을 볼 때마다 나는 부끄럽고 작아진다. 많은 것을 해주지도 가르치지도 못하고 또 정서적으로 안정된 환경도 만들어주지 못했다.

인간극장「박재수의 난」편을 보았다. 그는 버스 한 대를 개조하여 가족들을 모두 싣고 전국 방방곡곡을 떠돌아다닌다. 아내와 3명의 아이들, 또 한 생명이 뱃속에서 자라고 있다. 좁은 버스 속에서 생활하지만 표정은 밝고 활기차다. 경치가 좋은 곳을 만나면 자연과 함께하며 땅의 소중함을 배운다. 생계를 위해 가끔 일을 하기에 돈은 턱없이 부족하지만 가족의 유대는 더 커지고 아이들은 절약을 익힌다. 산을 만나면 산 옆에서 놀고 바다를 만나면 바다를 베고 잠이 든다. 일반적인 상식으로는 아이들 장래공부를 어떻게 하나 싶지만 그 아버지는 순리 따라 살고 자연이 스승이라는 것을 말한다. 그 모든 것이 실천이 어려운데 그는 용기 있는 남자고 좋은 아버지가 분명하다.

가족은 추억의 공동체라 한다. 함께한 기억들이 세포 속에 각인되어 무엇과도 바꿀 수 없는 서로의 힘이 된다. 80억 인구 속에 어떤 인연으로 우리에게 온 소중한 생명, 그 하나하나가 별같이 반짝이는 존재다. 이제 생각하면 아이들이 내게 온 것도 몸이 자라고 정신이 성숙한 것도 내가 한 일이 아니다. 자연의 보살핌으로 오늘까지 왔다. 저희들에게 무엇 하나 잘해주지도 못했는데 아이들은 어느덧 자라서 부모를 걱정한다. 사회적인 성공을 이루면 좋겠지만 오늘 현재 건강한 것이 무엇보다 고맙다. 어디 있더라도 본인이 행복하고 이웃에게 폐가 되지 않는 삶을 산다면 그것으로 족하다.

탄천의 의자에 앉아 삼삼오오 짝을 지어 걷거나 달리는 가족들의 행렬을 바라본다. 청명한 하늘 아래 펼쳐지는 웃음소리.